Historia de la magia

JUAN LUQUE

Historia de la magia

El ilusionismo desde la prehistoria hasta la caída de Roma

ALMUZARA

Primera edición: mayo de 2022

Editorial Almuzara • Colección Historia

Director editorial: Antonio E. Cuesta López
Editor: Daniel Valdivieso Ramos
Ilustraciones: Paloma González Fernández, Marina Gallego González y Clara Gallego González.
Retoque fotográfico: Sara Reina García y Manuel Reina Varea
Corrección de textos: Javier Fernández Piera
www.editorialalmuzara.com
pedidos@almuzaralibros.com - info@almuzaralibros.com

Imprime: Gráficas La Paz

ISBN: 978-84-11310-08-6
Depósito Legal: CO-644-2022
Hecho e impreso en España - *Made and printed in Spain*

A Paloma.
Siempre a mi lado, siempre, mágicamente unida.

Soy de naturaleza poltrón y perezoso para andar buscando autores que digan lo que quisiera yo decir de mí.

Paráfrasis del prólogo de *El Quijote*,
MIGUEL DE CERVANTES

Índice

Prólogo ... 15

Cronología ... 21

PRIMERA PARTE
ORÍGENES ¿DÓNDE EMPEZAR

Introducción
LAS ESCASAS HUELLAS
DE UN ARTE POCO TRANSPARENTE ... 27

1. PALEOLÍTICO ... 31
   Las primeras ilusiones ... 31

2. EGIPTO ... 43
   Dyedi actúa para Keops ... 43
   Herramientas básicas del mago ... 51
   ¡Abracadabra! Las palabras mágicas ... 64

3. MESOPOTAMIA Y PERSIA ... 69
   Te he pillado. El primer truco revelado ... 69
   Los magos de Oriente ... 77

SEGUNDA PARTE
LA MANO OCULTA DE LOS DIOSES

4. ORÁCULO,
LA MANIFESTACIÓN DE LOS DIOSES 89
Oráculos griegos 93
Alejandro o el falso profeta 103
Los colosos de Memnón 112

5. EFECTOS MÁGICOS DE LOS DIOSES 119
Gira mágica por los templos paganos. Volar 119
Prodigios con fuego 127
Los viajes de Pausanias 132
Milagros con estatuas 140
El efecto de magia que salvó una vida 145
Desenmascarados 147

TERCERA PARTE
ILUSIONISMO Y ENTRETENIMIENTO

6. OCIO Y PRESTIDIGITACIÓN
PARA EL PUEBLO GRECORROMANO 159
Tipos de efectos ilusionistas 174
Pasen y vean. Magia en calles,
celebraciones y teatros 178
Magia de cerca. Los dados 184
Magia de cerca. ¿Realmente son cubiletes? 192

7. TECNOLOGÍA AVANZADA 199
Pioneros. Ctesibio y Cilón 206
Herón de Alejandría 213

Epílogo
ILUSIONISMO, UN ARTE CONSOLIDADO 233

Apéndice
ÍNDICE DE EFECTOS DE ILUSIONISMO 237

Bibliografía..247

Prólogo

Mi cariñosa gratitud y recuerdo hacia todos aquellos relacionados de algún modo con la edición de este libro.

Saludos mágicos:

Hace algún tiempo, en una conferencia que impartí sobre historia del ilusionismo para el Círculo madrileño de la Sociedad Española de Ilusionismo (S.E.I.), viví una curiosa experiencia.

Finalicé la charla mostrando un vídeo sobre la S.E.I. realizado cuando el conocido mago Juan Tamariz era estudiante de la Escuela de Directores de Cine, de gran interés histórico por los personajes que aparecen en él. Pues bien, caprichos del azar, la semana siguiente era el propio Tamariz el que daba una conferencia. Y, también él proyectó el film, en principio, ante el mismo auditorio que ya lo había visto conmigo.

Días después, al enterarme de la coincidencia, comenté al presidente mi preocupación por si la repetición hubiera afectado a la charla de Tamariz. Su respuesta espontánea fue: «no te preocupes, el público de Juan Tamariz no era el mismo, con él casi todos eran jóvenes».

La respuesta supongo que me liberaría de mi preocupación inicial, pero me planteó otra mucho más agobiante: ¿y para quién estaba escribiendo yo el libro?

A esta duda se le unió otra formulada según se iban acumulando las horas dedicadas a él: ¿realmente merece la pena hoy en día invertir años en un libro de magia?, ¿más aún siendo de historia y no de efectos? Porque es evidente que la referencia formativa del Ilusionismo ya no son los libros, sino los vídeos. Los magos ven mucha magia, pero leen poca.

Ahí andaba, dándole vueltas a la cabeza durante algún tiempo. Hasta que entendí que se puede priorizar el aspecto divulgativo y, a la vez, no defraudar a los interesados en una historia rica en contenido.

Mi entorno de amigos y correctores han ido en esa línea. No han parado hasta hacerme eliminar el academicismo, los pies de página que tanto me gustan (transformadas en notas finales y un índice de efectos) e incluso capítulos que restaban agilidad al libro.

Todo encaminado a un importante propósito: enganchar a los magos que no leen historia y a los no magos que sí lo hacen. Pero sin olvidar a quienes buscan una mayor profundidad. Estos encontrarán una intensa labor de compilación de datos, efectos y acontecimientos de ilusionismo apenas conocidos o directamente pasados por alto. Y evidencias sólidas de la presencia de nuestro arte en la mayoría de las civilizaciones antiguas del Mediterráneo.

La suma de estas intenciones tiene su primer efecto. Un volumen que solo abarca la Edad Antigua. Es la primera vez que aparece un libro dedicado exclusivamente a dicha etapa del ilusionismo. Para mí una enorme fortuna, porque no es fácil encontrar hoy áreas de investigación histórica a la vez amplias y poco exploradas. Y los comienzos del ilusionismo lo son, un filón casi sin tocar. A excepción de algunos artículos, los principales libros de historia obvian o, en el mejor de los casos, minimizan esta etapa enormemente larga, pero aparentemente escasa en actividad ilusionista.

Reconozco que pronto me eché atrás. Me dio cierto vértigo, así que decidí limitarlo a un capítulo cero, de nombre «Antes de que Hispania naciera». Iría incluido en la historia del ilusionismo sobre España que iba a iniciar y que ahora espera paciente al haber iniciado primero la historia general del ilusionismo.

Quise comenzar desvelando una curiosidad que pocos aficionados conocen: una parte no despreciable de lo que le arrogamos a la historia antigua del ilusionismo quizá sean solo ficciones asumidas como reales. Probablemente Dyedi nunca existiera, los cubiletes de Beni Hassan no fueran cubiletes, de los pechos de Diana no brotara milagrosamente leche y las grandes puertas de los templos no se abrieran gracias a los dioses (ni a Herón de Alejandría), entre otras dolorosas conclusiones.

Y, buscando explicaciones al porqué de esas invenciones, la empresa tomó otro cariz. Emergieron los sucesos que las originaron, tan interesantes o más que ellas mismas. Despertaron excelentes efectos de magia, aparecieron antecedentes de los objetos mágicos que aún hoy utilizamos, y surgieron historias emocionantes y hasta delirantes. El capítulo creció y creció, anuló el vértigo y se hizo el libro que en realidad quería ser.

Casualmente, un libro así descubrió dos atractivas áreas de la historia del ilusionismo con valores propios. La primera es una forma de entender la magia, desaparecida hace varios miles de años y que, por primera vez, se describe explícitamente. Es la magia sin mago. Efectos asombrosos ocurridos sin la aparente participación de personas y que, como consecuencia, se atribuían a los dioses. Los artífices reales ocultaban su intervención para alcanzar un objetivo mayor, el de encumbrar el poder de las divinidades.

Lo he bautizado como la mano oculta de la magia. O de los dioses, valen ambas. La primera, más genérica, sugiere la acción velada de quien la propicia y, por tanto, podría referirse igualmente a cualquier efecto de magia. La segunda señala a los ejecutores figurados y es el tipo de magia protagonista de un buen número de efectos de este libro.

Hay un segundo incentivo. Desde mediados del siglo XIX, el grueso de las obras de historia del ilusionismo está centrado en conservar la memoria de los magos famosos. En mi opinión, no es del todo justo. Sin olvidarlos, el peso de la misma debería también sustentarse en la legión anónima de creadores y ejecutores que le dan forma y la mantienen viva; en los magos de todas las épocas, anónimos también, que nutren la edición de libros; o en los aficionados actuales que llenan congresos y permiten que muchos profesionales mantengan sus ingresos gracias a publicaciones, conferencias, vídeos y clases de magia.

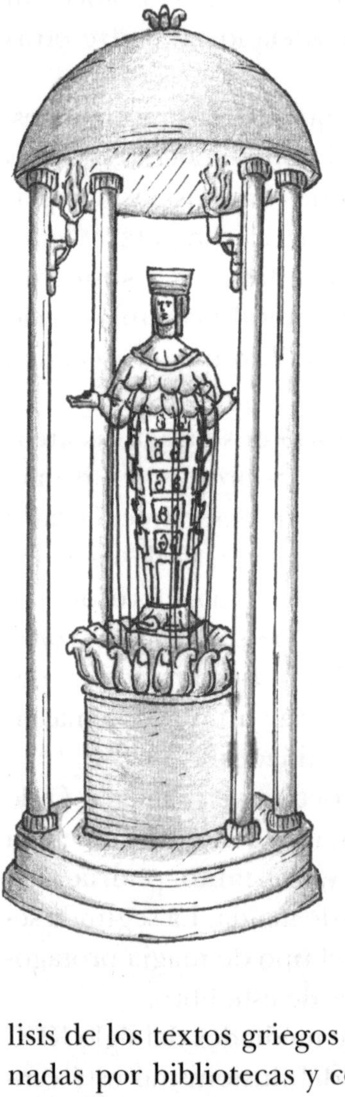

A este respecto, la magia hasta el Renacimiento es un homenaje oculto a la evolución del ilusionismo. Cientos de granos de arena sin apenas nombres, pero en los que se percibe cómo este arte ha cuidado su calidad y desarrollo desde sus orígenes hasta hoy mismo.

En lo referente a la elaboración del libro, aunque posee una estructura sencilla, en tres bloques, no he podido mantener la unidad cronológica que hubiera deseado. Salvo por capítulos y no con todos.

A cambio, estos se estructuran por temáticas que aúnan contenidos similares y procuran agilizar su lectura. a pesar de la exhaustividad que requieren. Esta es esencial para fundamentar sin fisuras la existencia del ilusionismo antiguo, tanto en su versión fraudulenta como, sobre todo, artística y recreativa.

Ha sido fundamental, en el análisis de los textos griegos y latinos, las facilidades proporcionadas por bibliotecas y colecciones especializadas. Más aún sabiendo que nuestro arte no es campo de interés para los filólogos clásicos. A este respecto hay una anécdota, de ningún modo una crítica, acerca del exiguo progreso alcanzado en el estudio de la historia antigua del ilusionismo: ninguno de los cuatro libros de aquel período con atención específica a efectos ilusionistas está en ediciones comerciales de editoriales españolas. Estos son: *Neumática*, de Filón de Bizancio; *Catóptrica* y *Neumática*, de Herón de Alejandría; y el libro IV de *Refutación de todas las herejías*, atribuido a Hipólito de Roma.

Izquierda: Diana derrama leche de sus múltiples pechos. Reproducción de Marina Gallego (2019) de la ilustración del libro *Magic. Stage Illusions and Scientific divertions, including trick Photography*, pág. 209 (compilada y editada por A. Hopkins, 1897). Sobre estas líneas: *Circe entrega a Ulises la taza con el filtro mágico*. Estudio de Annibale Carracci para el fresco del Camerino Farnese (c. 1590, pluma y tiza negra). Museo del Louvre, Francia.

De este último la anécdota es aún más concluyente. *Refutación de todas las herejías* sí está traducida en una edición comercial, pero no el libro IV, por la menor atención que despertó en el traductor. Aunque insisto, es sólo una anécdota de la situación actual, no una crítica. De hecho, pocos ilusionistas saben quién es Hipólito y sólo, de vez en cuando y de pasada, es citado.

Varía muy poco en otros idiomas. En lenguajes modernos, únicamente los ilusionistas de habla alemana pueden presumir de tener a su disposición la obra completa de Herón de Alejandría. Y eso gracias a una traducción ya centenaria, de finales del siglo XIX y principios del XX. El mismo Herón sirve de patrón de la incipiente situación en la que se encuentra la investigación del ilusionismo antiguo. Raro es el mago al tanto de la excepcional aportación que dejó en *Catóptrica*, en la que explicó cómo crear ilusiones de imágenes que aparecen y flotan en el escenario. Y respecto a *Neumática*, su obra más conocida, con cierta frivolidad se la considera exponente de fraudes religiosos, cuando lo que sí exterioriza, y con variedad, son notables números de ilusionismo y entretenimiento.

Es ese otro deseo del libro: contribuir a abandonar definitivamente la idea, tan generalizada, de que el arte del ilusionismo enfocado al ocio posee sólo una historia de cinco o seis siglos. Un error, probablemente fruto de que fue a partir del desarrollo de la imprenta cuando se generalizó la documentación de efectos mágicos de entretenimiento. El último bloque muestra con rotundidad cómo el ilusionismo, sin otra finalidad que entretener por vía del asombro, tuvo una presencia permanente desde la consolidación de las civilizaciones. Una conclusión que cambia la percepción que los magos poseen de su propia historia, otorgándola la solidez que merece y un inspirador recorrido de, al menos, cuatro milenios.

Cronología

c. 40 000 años	Paleolítico Superior
c. 30 000 años	Pinturas rupestres de Chauvet. Pont d´Arc (período auriñaciense).
c. 17 000 años	Pinturas rupestres de Lascaux (período magdaleniense).
c. 15 000 años	Pinturas de los bisontes de Altamira (período magdaleniense).
c. 2590 - 2566 a.C.	Faraón Keops (dinastía IV). Pirámide de Guiza.
c. 1900 a.C.	Tumbas de Beni Hassan.
c. 1600 a.C.	Redacción del papiro de Westcar (Papiro de Berlín 3033).
c. 1600 a.C.	Erupción del volcán Tera (Santorini). Inicio del declive de la civilización cretense.
c. 1500 - 1180 a.C.	Civilización micénica, en la Península del Peloponeso.

c. 1490 - 1436 a.C.	Faraón Tutmosis III. Máxima extensión de Egipto.
c. 1391 - 1353 a.C.	Faraón Amenhotep III. Esplendor de Egipto.
605 - 562 a.C.	Babilonia. Reinado de Nabucodonosor II.
559 – 529 a.C.	Reinado de Ciro II el Grande y fundación del imperio persa.
c. 529 – 522 a.C.	Cambises II, heredero de Ciro II el Grande.
521 – 486 a.C.	Darío I asesina a Gaumata y reina en Persia.
492 – 490 a.C.	Dario I invade Grecia. Primera Guerra Médica y derrota persa en Maratón.
486 – 465 a. C,	Jerjes, hijo de Dario I, rey de Persia
480 a.C.	Segunda Guerra Médica. Jerjes es derrotado en Salamina.
480 – 404 a.C.	«Siglo de oro de Atenas» o «Siglo de Pericles».
431 – 404 a. C	Guerra del Peloponeso. Atenas es derrotada y nunca recuperará su primacía.
410 – 322 a.C.	Platón, su maestro Sócrates y su discípulo Aristóteles, conforman la cima de la filosofía Clásica.
c. 360 – 342 a.C.	Nectanebo II, último faraón nativo de Egipto (dinastía XXX).
332 a.C.	Alejandro Magno conquista Egipto.

331 a.C.	Alejandro Magno derrota a Darío III y conquista Persia.
312 a.C.	Seleuco I, general de Alejandro Magno, inicia la formación del imperio Seléucida en los territorios conquistados de Asia Occidental.
305 a.C.	Ptolomeo I, sucesor de Alejandro Magno en Egipto, se corona como primer faraón de la dinastía ptolemaica o Lágida.
285 – 246 a. C	Reinado del faraón Ptolomeo II Filadelfo en Egipto, tras abdicar su padre. Época de prosperidad y desarrollo de las artes y las ciencias.
264 – 146 a.C.	Tres guerras púnicas entre Cartago y Roma por la supremacía en el Mediterráneo. Finalizan con la derrota y destrucción de Cartago.
247 a.C.	Secesión del imperio Seléucida y formación de Partia. 246-221 a.C. Ptolomeo III Evergetes. Etapa de continuidad y progreso.
s. III a.C.	Tratados tecnológicos de Ctesibio y Filón de Bizancio.
106 – 43 a.C.	Vida de Cicerón, político, escritor y orador romano.
69 – 30 a.C.	Cleopatra VII, última reina de Egipto. Tras su derrota, Egipto es provincia romana.
27 a.C. – 68 d.C.	Dinastía Julio-Claudia o de los primeros emperadores de Roma.
27 a.C. - 180 d.C.	*Pax romana.* Roma consolida su poder en toda la cuenca mediterránea.
c. 77	Plinio el Viejo publica *Historia Natural.*

c. 95 – 117 Plutarco escribe *Vidas paralelas* y *Obras morales* (*Moralia*).

96 – 192 Dinastía Antonina o de los cinco emperadores buenos.

S. II Obras de Lucio Apuleyo (*El asno de oro*), Pausanias (*Descripción de Grecia*) y Luciano de Samósata. Probable composición de las cartas de Alcifrón y, hacia finales del siglo o comienzos del III, publicación por Ateneo de *El banquete de los Eruditos* (*Deipnosofistas*).

226 – 651 La dinastía irania de los sasánidas sucede a Partia. El Segundo imperio persa se prolongará durante siglos, hasta desaparecer frente al empuje musulmán.

S. III Crisis del Siglo III. Roma acuciada por la anarquía política y los enemigos exteriores.

306 – 337 El emperador Constantino el Grande protege y apoya el cristianismo.

361 – 363 Juliano el Apóstata, emperador de Roma.

476 Caída del Imperio romano de Occidente.

PRIMERA PARTE

ORÍGENES
¿DÓNDE EMPEZAR

Introducción

LAS ESCASAS HUELLAS DE UN ARTE POCO TRANSPARENTE

La palabra *magia* tiene dos acepciones muy diferentes. Puede referirse al conjunto de lo esotérico, nigromante y sobrenatural. Y también, y de modo totalmente ajeno a dichas características, a esos sucesos aparentemente imposibles de ejecutar en el mundo real que, con cierto encanto, llamamos ilusionismo. Esto es, la realización de experiencias científicamente impracticables y que, por tanto, están sustentadas en métodos que el público no ve ni intuye.

Y como el espectador nada ha de saber acerca de los métodos, por cada efecto mágico hay un secreto que guardar. Es el decisivo aspecto que ha marcado la historia del ilusionismo, pues, a la hora de mantener ocultos nuestros saberes, los magos hemos optado por tres actitudes bien diferentes.

La primera de ellas, cronológicamente quien sabe si la más antigua, es la aceptada hoy por la comunidad mágica: el manejo oculto no se explica, pero público y mago asumen que existe y que reside en principios científicos, trucajes y habilidades manuales o psicológicas. El secreto se maneja de tal forma que el espectador experimenta la sensación de vivir algo que en realidad es imposible. Una impresión tan maravillosa que hace de la magia un arte.

El objetivo de esta forma de concebir la magia es el entretenimiento mediante el asombro, la magia como ocio. Tiene orígenes remotos. El primer efecto de magia del que hay constancia pertenece a una narración redactada hacia el año 1600 a.C.; el manual técnico de Filón de Bizancio, entre los más antiguos conservados (s. III a.C.), incluye explicaciones de efectos mágicos ideados exclusivamente para entretener; y la elaboración de recipientes trucados para divertir con ellos fue habitual en la Grecia arcaica.

En la práctica, hasta el siglo pasado ha reinado a sus anchas, no sólo este planteamiento, sino una segunda actitud bastante más rebuscada. La de negar al efecto mágico la existencia de truco, atribuyéndolo quien lo realiza a sus «poderes» sobrenaturales o a facultades para incitar manifestaciones divinas. Sería hacedor de portentos que el público cree magia genuina, real.

Surgidos en tiempos inmemoriales, estos magos con «poderes» para realizar efectos prodigiosos han deambulado por todas las civilizaciones. Desde las más antiguas, cuyos sacerdotes imponían su autoridad a los dioses en virtud de ritos y pócimas, a imperios occidentales, para los cuales el mismísimo Robert Houdin atrapó, presuntamente, balas con la boca ante los estupefactos rebeldes argelinos.

Incluso se han hecho un hueco en nuestra racional época. En ella, un mago «con poderes» ha sido capaz de pasar a la historia de la magia, y ya de paso adquirir fama mundial y riqueza, gracias a su televisiva «capacidad» para doblar metales y hacer funcionar relojes.

La confusión creada por la pervivencia en común de estos dos modos de entender la ilusión mágica se acentuó hace varios miles de años con una tercera forma de hacer ilusionismo. Fue la practicada por aquellos que realizaron sus efectos ocultando al público la figura del actuante. En las anteriores tipologías, el espectador contempla dos elementos indispensables, el mago y la magia; en este tercero sólo aparece uno, la magia, porque el mago no existe a ojos de los concurrentes. Se pretende así, como única explicación, la intervención del dios, con objeto de que los fieles atribuyan la maravilla directamente a las deidades. Es el caso de la lámpara inextinguible de Atenea, las hogueras que prendían espontáneamente en un sacrificio, o los odres vacíos colmados de vino gracias a Baco.

Lástima que su rastro esté muy diluido. Los yacimientos arqueológicos recogen la omnipresencia de la magia y de los ritos mágicos en las culturas antiguas. Pero entre los numerosos hechos fantásticos y registros de adivinos, brujos y dioses que los historiadores han escudriñado por todo el planeta, hasta la época helenística apenas quedan evidencias de actos de magia simulada.

No necesariamente porque fueran inusuales, sino porque, dado el carácter oculto del método y la opacidad para transmitir conocimientos, estos no se divulgaban y, por tanto, difícilmente quedaba constancia de ellos.

A la dificultad de seguir el rastro del origen del ilusionismo, por su condición de arte secreto, se le añade otro elemento de gran trascendencia en el conocimiento (sesgado) del pasado: frecuentemente, la investigación histórica tiende a confundir la parte con el todo, generalizando sucesos que en realidad representan sólo un fragmento de la realidad. Por este motivo se sitúan los orígenes del ilusionismo en Egipto, y su desarrollo como actividad de ocio en Grecia y Roma. Básicamente, porque son culturas de las cuales han permanecido numerosos documentos escritos, algunos con alusiones a trucajes y efectos concretos.

Sin embargo, la realidad es que poco sabemos acerca del punto donde emplazar el comienzo del arte del ilusionismo. Pudo, quizá, acompañar a las sociedades humanas hace bastantes miles de años, disfrazado de poderes ocultos, exhibiciones de los dioses, exuberantes demostraciones de los sacerdotes o curiosas manifestaciones de habilidad y entretenimiento.

Como contrapeso a la gran dificultad que entraña el análisis histórico de su origen podría servir de pista la colosal importancia de la magia en las culturas y civilizaciones antiguas. Pero tampoco aporta información, porque no es objeto de un libro como este adentrarse en los ritos mágicos que se desarrollaron ni en las creencias o mitos que las fundamentaron.

Al revés, crean aún más confusión, pues el término «mago» se ha utilizado indistintamente tanto para designar a los que practicaban lo mágico, como para referirse a los recreadores de prodigios.

La singularidad de la historia del ilusionismo estriba en indagar cómo acomete un sujeto sus labores mágicas. Si se vale sin más de sortilegios, maleficios, astrología, cábalas, etc., nada de eso afecta a la historia del ilusionismo, salvo que hayan influido en la tipología de los efectos, acervo mágico o artificios y útiles de magia (es el caso, como veremos, de Egipto y Persia).

Pero si, por ejemplo, el nigromante o el brujo crea un truco para convencer o mantener el respeto de reyes o multitudes, eso sí es un acto de ilusionismo. Acto que, a pesar de ser un fraude, puede que incluso sea un gran efecto de magia.

1.

PALEOLÍTICO

LAS PRIMERAS ILUSIONES

La capacidad artística e intelectual del hombre del Paleolítico Superior, asentado en Europa Occidental hace unos cuarenta mil años, era exactamente igual a la nuestra. Tan solo variaban sus recursos, muy inferiores a los actuales en calidad, número y evolución, pero suficientes para que los vestigios de nuestro pasado más antiguo incluyan extraordinarias muestras de pensamiento creativo. Cuevas y refugios favorecieron el desarrollo del arte rupestre en España y Francia. Y guardaron durante milenios dibujos de un mundo incomparable al nuestro, donde caballos, renos, bisontes, mamuts y hasta rinocerontes y leones, convivían con los pobladores originarios del continente.

Asombrosas por su viveza, algunas de estas obras desvelan la habilidad de los artistas rupestres para jugar con la realidad e ilusionar con ella. Muestran cómo el manejo de las percepciones para crear una ficción diferente, que es la esencia misma del ilusionismo, estuvo fijado desde sus orígenes en la sensibilidad del hombre moderno.

En una galería de la cueva de El Castillo, en Puente Viesgo (Cantabria, España), bañada hace más de quince mil años en su parte inferior por un pequeño riachuelo, alguien dibujó una yegua quizá embarazada, bebiendo, y parece que herida por las flechas de cazadores. Para dar mayor veracidad al dibujo, el artista dispuso la boca del animal de modo que coincidiera con el nivel del agua en el riachuelo. Había conseguido así que la ilusión de beber fuese mucho más efectiva.

El hombre del Paleolítico superior refrendó muy pronto la imaginación y capacidad creativa del ser humano: A pesar de su apariencia de galán de película animada, la escultura en marfil del hombre león de Hohlenstein Stadel (Museum Ulm, Alemania) posee en torno a 35 000 años. La Venus de Brassempouy (Musée d'Archéologie nationale et domaine national, Saint-Germain-en-Laye, Fotografía de Jean-Gilles Berizzi), de tan sólo 3,6 cm., es, a pesar de su delicadeza, una de las representaciones en detalle más tempranas de un rostro femenino (25 000 años aprox.).

Una técnica habitual y más convincente para experimentar con ilusiones consistió en servirse de los accidentes naturales para realzar con ellos la sensación de volumen, realismo o movimiento. Fisuras, oquedades, relieves y formas caprichosas de las rocas se emplearon con tanta imaginación que los arqueólogos hablan del aprovechamiento de las formaciones naturales como un cuarto género artístico, junto con el dibujo, el grabado y la escultura.

Abundan los ejemplos. Los más directos consistieron en la representación de rostros de animales en salientes y rocas. Iluminados con antorchas en un entorno de profunda oscuridad, creaban una sobrecogedora sensación de realismo.

Bisonte de Font de Gaume (Eyzies-de-Tayac, Francia).

Lógicamente, hubo dibujos más complejos. En la cueva de Covalanas (Cantabria, España), el artista creó la ilusión de un uro —una especie extinta de bóvido— completamente dibujado, pero no es exactamente así. El contorno de la pared recrea el lomo, cuarto trasero y rabo. Y el corpulento bisonte de Font de Gaume (Les Eyzies-de-Tayac-Sireuil, Francia) posee una engañosa sensación de volumen gracias a estar pintado en el relieve convexo de la roca.

En las cuevas de Altamira la práctica de valerse de abultamientos para lograr la ilusión de volumen se hizo maestría.

Hace quince mil años, un pintor genial extrajo el máximo partido artístico a las paredes y techos de la cueva para obtener obras de arte impresionantes, tan sublimes que fueron consideradas inicialmente un desmedido fraude. El realismo pictórico conseguido en los bisontes, con sus vientres y cuerpos grabados aprovechando las prominencias calizas de los techos, es hipnótico. El color y la armonía de la composición anonadaron a Picasso y a Miró. «Después de la era de las cavernas, la pintura es decadente», sentenció el segundo.

Aunque son bastantes las grutas de interés, Altamira, la imponente cueva de Lascaux y el extraordinario complejo cavernario de Pont d´Arc configuran hoy la máxima expresión del arte prehistórico. La primera se ubica en la cornisa cantábrica, España; la segunda en el Valle del Vézère, Francia. Pero en la tercera, la cueva de Pont d´Arc, descubierta en 1994, admirables pinturas de más de treinta mil años de antigüedad rivalizan con las de las dos primeras, cuyas obras maestras surgieron mucho después, en el apogeo del magdaleniense, la última y más creativa etapa del Paleolítico.

Pont d´Arc cobija dibujos pintados en las paredes onduladas de sus galerías, percibidos tridimensionalmente cuando el observador los contempla desde distintos ángulos, o se acerca y aleja de ellos. Contiene un pasmoso bestiario de rinocerontes en rocas abovedadas, cabezas de caballos en paneles inclinados, leones ocultos en oquedades... y dos excelentes referentes de hasta donde alcanzaron las ficciones visuales en el Paleolítico.

El primero casi pasa desapercibido. Se trata de un pequeño bisonte que aparenta mirar hacia el frente. Podría parecer un dibujo más. Pero centrándose en él con mayor detenimiento se descubre que, en realidad, es una composición tridimensional realizada aprovechando tres caras de una pared irregular.

Es la vista del observador la que fusiona el conjunto para generar el animal y la engañosa sensación de que la cabeza, sobresaliendo de cuerpo, sigue con la mirada a quien se encuentra frente a él.

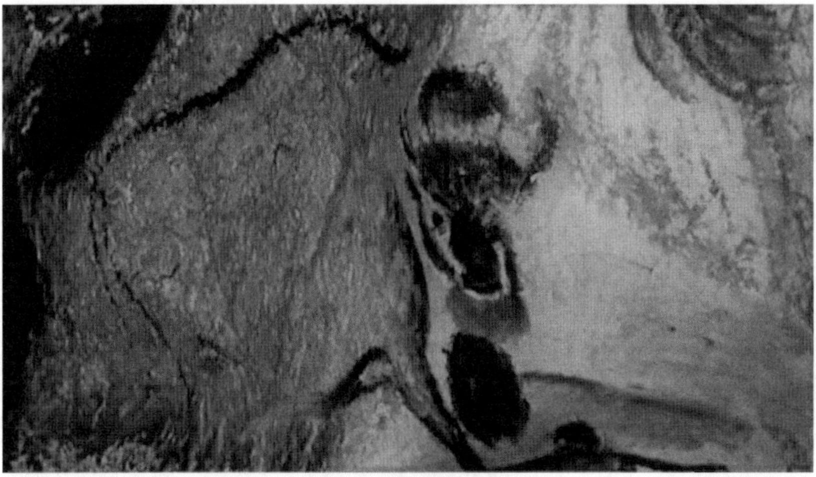

Ilusión del bisonte tridimensional de la cueva de Pont d´Arc, creada con tres planos de una pared. El cuerpo está dibujado en uno de ellos, la cabeza en otro y el cuello es un pequeño tramo de pared existente entre los dos.

El segundo de los avances es extraordinario. Con decenas de milenios de antelación, los pintores de Pont d´Arc habrían creado imágenes de animación. Dibujos animados definidos con agudeza por los paleontólogos como «protocine». Los artistas rupestres trazaron figuras superpuestas, pero con ligeras variaciones en la posición de la cabeza o de las extremidades. Al ser alumbradas por una llama, la única fuente de iluminación del Paleolítico, producían sensación de movimiento debido a la incesante agitación del fuego.

En un hueco del llamado «Friso de los caballos», las múltiples patas de un bisonte que surgen sin sentido aparente, enfocadas con la luz titilante de una antorcha o un candil, parecen moverse, creando la visión de que el animal trota. Con el mismo resultado, en otra sala, las cornamentas encadenadas de un rinoceronte, trazadas una y otra vez con distintos grados de definición, originan la ilusión del animal embistiendo. Un efecto semejante se da en Lascaux. Allí las figuras animadas son caballos.

Y en cuevas extendidas por el sur de Europa: en Trois Frères (Pirineo francés) un caballo cabalga en una pintura y una cabra corre veloz en otra; la yuxtaposición de tres dibujos crea la visión de un león al galope en la gruta de La Vache; y, en el Valle del Coa (Portugal), una cabra parece mirar hacia atrás y un caballo baja la cabeza para comer.

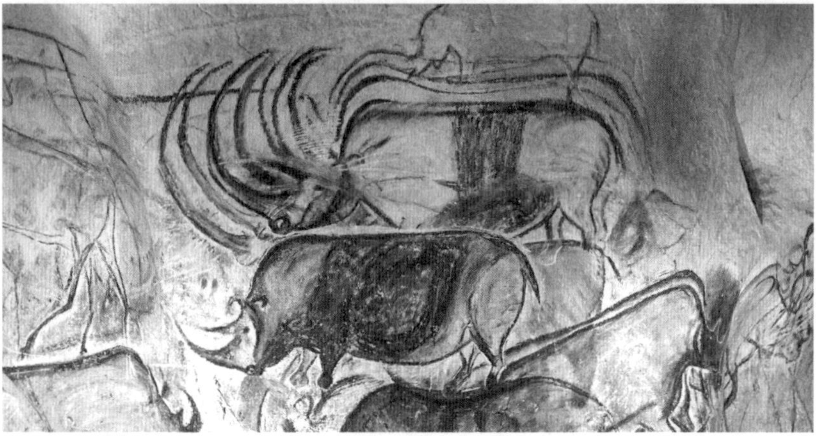

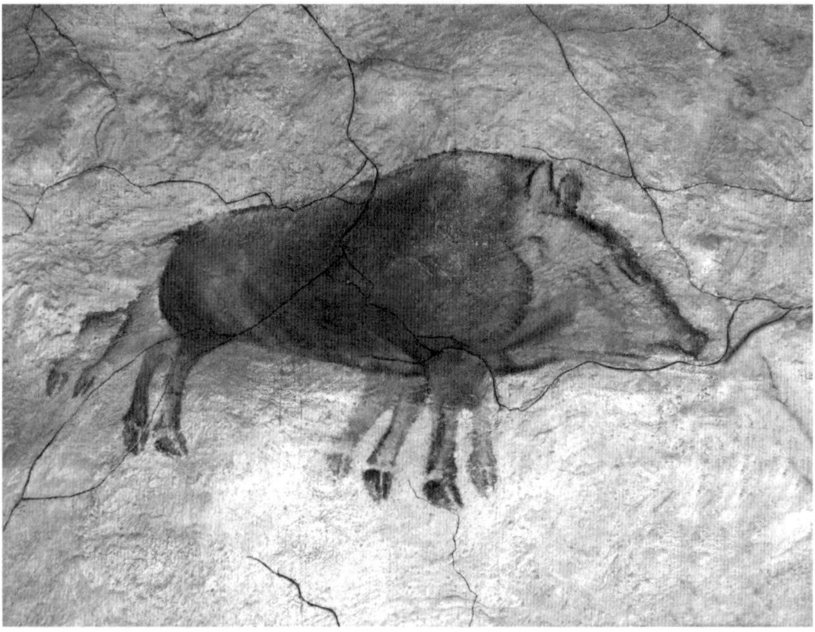

En la fotografía superior, la cabeza y el lomo de un rinoceronte, alumbrado con la luz de la antorcha, en permanente movimiento, produce la sensación de arremeter (©Claude Valette). En la imagen inferior, el bisonte de ocho patas de Altamira (reproducción idealizada del original, muy deteriorado), al ser iluminado del mismo modo, genera la impresión de galopar (Anthropos Pavilion. Brno, República Checa).

Con lo expuesto, es fácil presumir que la cultura humana, desde sus mismos orígenes, jugó con las percepciones visuales para manipularlas e ilusionar con ellas. Son pues dignos precursores del ilusionismo.

Los artistas de Chauvet Pont d´Arc se atrevieron también con el «cómic» de animación. Uno de los ejemplos más atractivos aparece en el panel de los leones de la sala más interior. Allí, una secuencia de cabezas alineadas de un león mientras observa a su presa descompone el movimiento del animal en una sucesión de dibujos. Al pasar la antorcha por los mismos sería fácil imaginar al animal acechando o atacando (©Claude Valette).

Pero es probable que llegaran aún más lejos. Aunque ignoramos la impresión generada por aquellas pinturas, debieron crear una sensación sobrecogedora. Están localizadas en lugares recónditos y oscuros de las cuevas, de forma que únicamente serían contempladas bajo la luz de llamas, en un ambiente perturbador de penumbras y sombras en permanente movimiento.

Las sombras pudieron incluso formar parte de la propia obra. Existe una interesante muestra en la mencionada cueva de El Castillo. Allí, el artista aprovechó las formas de una estalagmita para grabar en ella un bisonte en posición vertical. Si, además, esa columna es iluminada, la proyección de su sombra en la pared posterior sugiere la cabeza y cuerno del bisonte.

Desconocemos la mentalidad del hombre prehistórico. Por tanto, es imposible concluir si aquellos efectos ópticos generaron emociones mágicas. No obstante, es bastante factible. Los ilusionistas conocen el impacto que generan los recursos visuales, más aún cuando son novedosos. Ocurrió en los inicios del cine, a principios del siglo XX. Tan asombrosos fueron los efectos de aquellas proyecciones pioneras, que los primeros en extraer provecho fueron magos de la talla del genial Georges Méliès.

Y anteriormente, en el siglo XIX, sucedió algo similar con las fantasmagorías. Magos y físicos asombraron y aterrorizaron a miles de espectadores con proyecciones espectrales, diablos y seres siniestros deambulando por las salas.

Debido a la ausencia de un lenguaje escrito que concrete más, el significado de las obras rupestres está sujeto a diferentes interpretaciones. Pocas son capaces de explicar por qué los patrones no se alteraron durante un período de tiempo inmenso, de decenas de miles de años. A autores tan virtuosos les hubiera sido sencillo aumentar la exigua diversidad de pigmentos elegidos, incorporar especies animales apenas representadas —a pesar de su abundancia o de pertenecer a la dieta habitual— o agregar escenas humanas. Y, por encima de todo, elegir espacios para pintar no caracterizados por su total oscuridad, opción que debió acarrear graves y continuos problemas de iluminación a incontables generaciones de pintores.

Una de las conjeturas que sí esclarece aquel esquema tan rígido de proceder sería entenderlo como parte de algún tipo de experiencia mágica o de corte chamánico. Abundan las creaciones en lugares claustrofóbicos, y de tan difícil acceso, que hacen suponer una intencionalidad en el artista diferente a la de exponer sus obras. Probablemente ritos iniciáticos, religiosos o mágicos tan intensamente arraigados que permanecieron durante milenios. Las formidables obras de

Pont d´Arc fueron realizadas en las galerías más escondidas. La cueva misma ni siquiera estuvo habitada por grupos humanos. Y de igual forma sucedió en Lascaux. Sólo fueron destinadas a albergar pinturas, posiblemente como parte de ceremonias.

Desentrañar los mecanismos que perturban nuestra existencia y mitigarlos mediante ritos, trances y sustancias propiciatorias se convertiría, para chamanes y brujos, en objetivo de la magia. Según los casos, aparecieron tres actitudes que luego se harán habituales en el mundo antiguo: la fusión espiritual con las fuerzas sobrenaturales; la búsqueda del apaciguamiento de los dioses, o de su comprensión y auxilio; y la elaboración de procedimientos para subyugar la acción de las divinidades a las exigencias de los demandantes.

No parece difícil el salto al artificio ilusionista, en este caso el fraudulento: los miembros del grupo con la descomunal tarea de canalizar el furor de la naturaleza comprobarían a menudo que sus esfuerzos no eran atendidos favorablemente. En ocasiones, la decepción ante continuos fracasos y el riesgo a perder credibilidad y prestigio ante sus fieles incitaría a idear subterfugios para convencer al pueblo de la presencia de las divinidades y el reconocimiento de sus plegarias y sacrificios. Sería el precedente de los efectos mágicos de la segunda parte de este libro, dedicada a la magia de los dioses.

El otro ilusionismo, el ideado como ocio, no tuvo por qué ser posterior. La vocación por el entretenimiento y el juego es inherente al ser humano. Tan natural que, tal vez, ni siquiera sea patrimonio de nuestra especie. No hay más que ver un gato en un sofá «luchando» contra la mano de algún otro miembro de la casa sentado junto a él. O a un perro llevando una y otra vez la pelotita a los pies de quien se la lanza, incitándole incansablemente a repetirlo moviendo impulsivamente la cola.

Pero la mayoría de los registros que participaron del nacimiento de la cultura humana están definitivamente perdidos.

Porque los dibujos rupestres sólo recogen una fracción mínima del arte y la cultura del Paleolítico. La música, las narraciones orales y cuentos, las costumbres, la ropa y los maquillajes, las creencias... no pudieron gozar de la llave a la inmortalidad que retienen para sí las paredes de las cuevas rupestres.

Entre lo desaparecido existirían probablemente juegos y entretenimientos que los ilusionistas habríamos querido conocer hoy, pero que no podremos probablemente ni siquiera imaginar. A no ser que algunos de ellos se encuentren entre las pizcas de prehistoria que el azar nos devuelve caprichosamente.

Quizá haya sucedido así con un hallazgo que recuerda al taumatropo, un juguete de ilusiones ópticas inventado en el siglo XIX.

El taumatropo es sencillo de crear. Tan solo ha de dibujarse un objeto diferente en cada una de las caras de un pequeño disco y, al hacerlo girar rápidamente sobre sí mismo, ambas imágenes parecerán fusionarse en una sola. Con el mismo procedimiento pueden obtenerse otras ilusiones, como variaciones de tamaño o movimiento de objetos.

Diversos yacimientos paleolíticos franceses han dejado al descubierto discos cuyos dibujos de anverso y reverso se relacionan entre sí.

Unos juegan con el efecto de transformación de un animal, otros con la sensación de movimiento. Pertenece a este segundo tipo un disco de hueso hallado en el abrigo rocoso de Laugerie-Basse. En cada una de sus caras muestra un herbívoro, quizá un rebeco, en posiciones complementarias para generar la ilusión de correr. El funcionamiento podría ser similar al del taumatropo. El movimiento de las imágenes, iguales en proporción, perfectamente yuxtapuestas y centradas respecto al agujero, causaría una satisfactoria ilusión de movimiento. Y el rebeco, con las patas delanteras esculpidas justo delante del taladro, parecería correr y saltar.

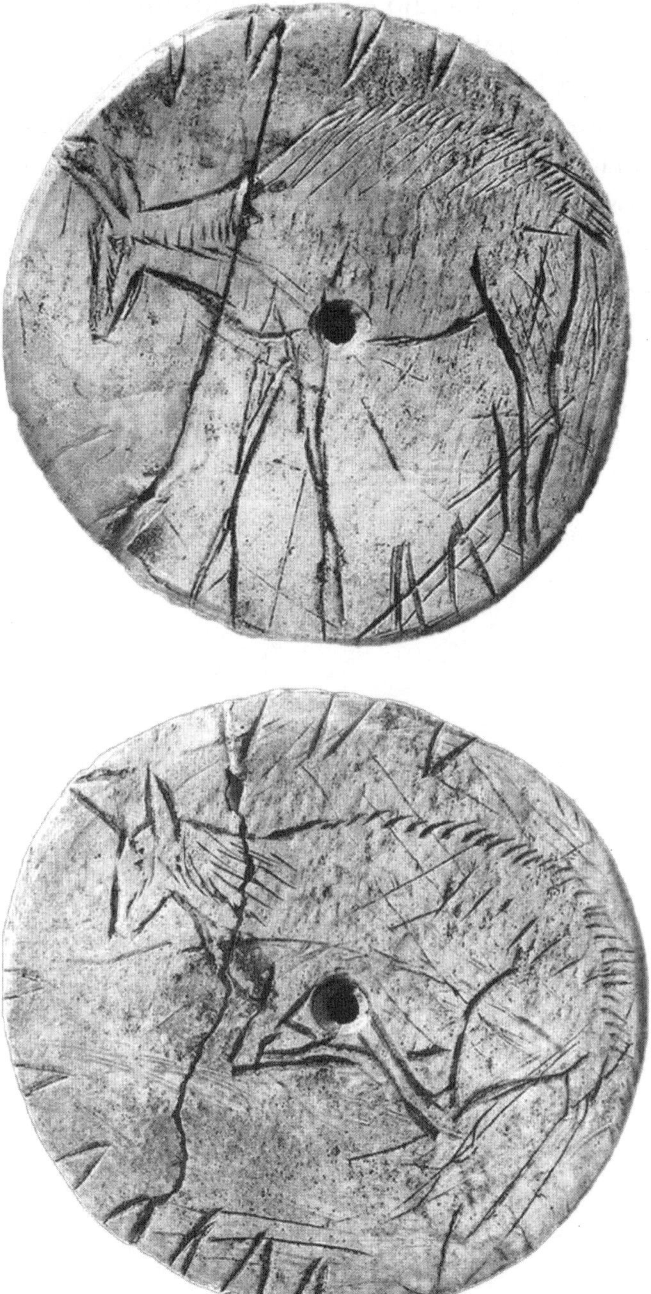

Anverso y reverso de un disco óseo Paleolítico hallado en Francia. Girándolo sobre sí mismo se observa correr al rebeco (Museo de Arte y Arqueología de Perigod, Perigueux. Foto de Bermard Dupuy).

Desgraciadamente, no consta que los inmediatos sucesores del hombre paleolítico recogieran el testigo de la ficción visual animada. Y, para cuando las primeras grandes civilizaciones surgieron, estas ya se dirigían mayoritariamente hacia la imagen estática. No obstante, los audaces logros de los primeros habitantes de Europa Occidental, y la idea de que jugaron, imaginaron y crearon ilusiones, hace fácil suponer que suyas fueron las primeras páginas perdidas de la historia del ilusionismo.

2.
EGIPTO

DYEDI ACTÚA PARA KEOPS

El final de las glaciaciones transformó el clima global en cálido y seco. Facilitó el sedentarismo, y con él, la organización compleja de la sociedad y el desarrollo de la agricultura y la escritura. De las excavaciones han surgido abundantes ejemplos de la determinante importancia del pensamiento fantástico, pero, sobre todo, de la estrecha unión de la magia con la existencia, los ritmos de la naturaleza y la explicación cosmológica del mundo.

Sin embargo, el arte ilusionista únicamente dejó una huella firme cuando la escritura estuvo lo suficientemente evolucionada como para transmitir narraciones e historias. Una vez alcanzado ese nivel, los efectos de ilusionismo exhibieron, no solo una extraordinaria antigüedad, sino también claros vestigios de continuidad histórica.

Explica esta afirmación observar que, en no pocos avances literarios, se ha plasmado alguna evidencia de la presencia del ilusionismo. Este o alguno de sus elementos más representativos aparecen, como iremos viendo en el libro, en el primer texto fantástico aportado por Egipto (Papiro Westcar), en varios episodios de la Biblia (incluido uno en el que por primera vez se «pilla» un truco), en la primera epopeya culturalmente europea (las varitas mágicas de la *Odisea*), en las primeras obras históricas (Heródoto y Ctesias), en los manuales más antiguos conservados de física recreativa (Filón de Bizancio y Herón de Alejandría), en las primeras «guías de viajes» (efectos de magia presenciados por Pausanias), en las dos primeras novelas en latín (*El satiricón* y *El asno de oro*), etc.

Gran templo de Abu Simbel.
Litografía original a color (David Roberts, 1838).

Se podría objetar que algunas de estas narraciones son ficciones. Pero es secundario. Lo verdaderamente revelador es que integraron efectos concretos de ilusionismo, indicativo de que gozaban de suficiente visibilidad como para ser tenidos en cuenta por los autores.

Comenzando por el principio, a Egipto le debemos las primeras referencias escritas sobre el arte ilusionista. Tan antiguas que superan en más de mil años a otras posteriores. Y no es extraño. Sólo el Egipto antiguo puede presumir de haberse mantenido como civilización durante tres milenios largos, con patrones característicos propios para mayor mérito. Protegida de invasiones a ambos lados de su territorio gracias a un desierto imbatible, culturalmente definida por su peculiar escritura y su concepción del más allá, fuertemente centralizada en torno a la autoridad emanada del faraón y organizada en torno a las fértiles crecidas del Nilo, se rodeó de una aureola de majestuosidad, progreso y misterio que ni siquiera los refinados griegos quisieron desdibujar.

En Egipto debieron ser habituales los trucos y trucajes. El secretismo y el tiempo acabaron con su memoria, aunque no del todo. Por fortuna, templos, sepulturas y papiros han ejercido como fortuitos proveedores de historias de ilusionismo y efectos de prestidigitación. Entre ellos el registro más antiguo acerca de un acto ilusionista.

Existe cierto consenso en considerar el fraude ilusionista religioso anterior al ilusionismo ideado para amenizar. Pero no hay nada que lo corrobore. Casi sería más fácil conjeturarlo al revés, porque el papiro que detalla la actuación del mago Dyedi (pronunciado *Dlledi*) acredita la remota antigüedad de los trucos dirigidos a entretener al público. Fechado en torno al año 1.600 a.C., muy posiblemente esté basado en otro previo de comienzos del segundo milenio a.C., lo cual fijaría su edad en unos cuatro mil años.

Maravillosa, y exagerada, la aventura de Dyedi viene descrita en el papiro Westcar, apodado así en honor a su primer propietario conocido, Henry Westcar (1798-1868), joven turista inglés que viajó a Egipto y Nubia con varios compañeros a finales de 1823. Su peripecia de diez meses no fue demasiado afortunada: vivió una rebelión en el Alto Egipto, soportó el efecto de las plagas y a punto estuvo de sufrir un naufragio. Pero es una aventura trascendental para la historia del ilusionismo. Gracias a ella, hoy sabemos que este, como arte escénico, posee más de tres milenios y medio. Posteriormente, la familia Westcar quizá donara el papiro a Karl Richard Lepsius, un reputado egiptólogo director del Departamento del Egipto Antiguo del museo de Berlín. Allí, en un notable estado de conservación, permanece expuesto, convertido en uno de los papiros más apreciados por los amantes de la egiptología y en el relato egipcio de magia más antiguo del que se tiene noticia.

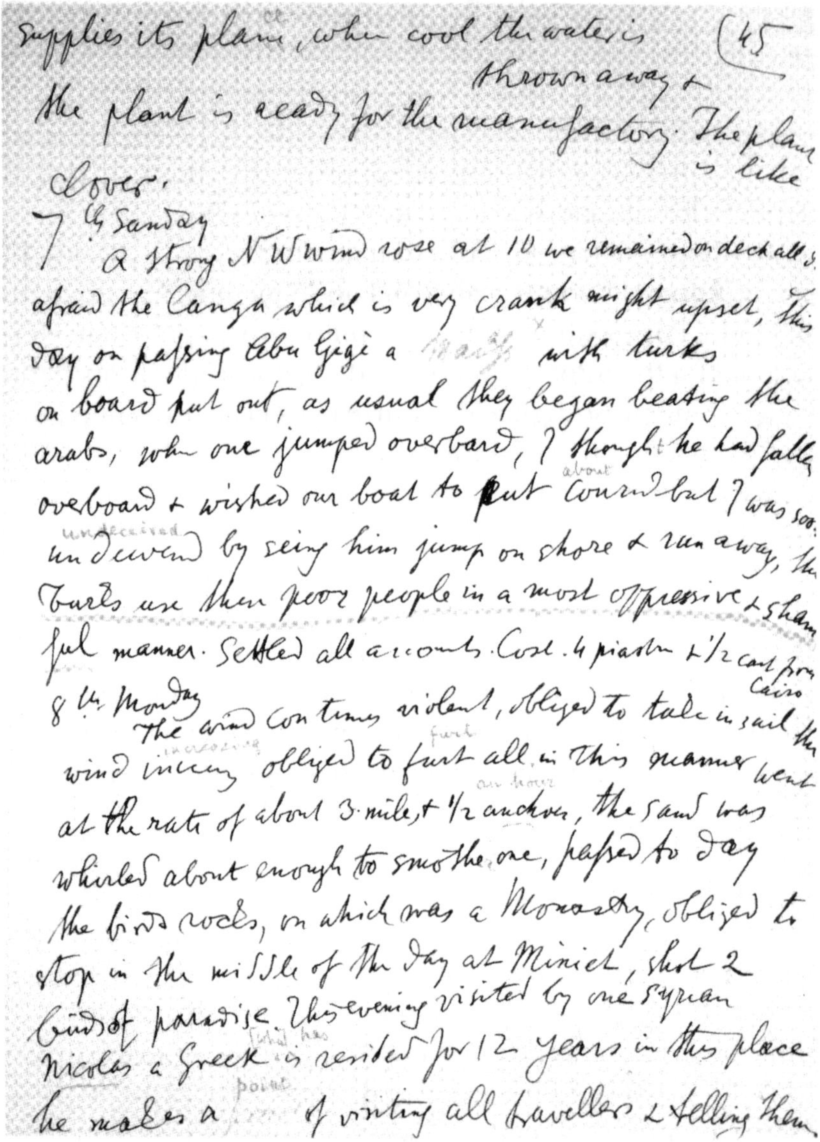

supplies its place, when cool the water is thrown away & the plant is ready for the manufactory. The plant is like clover.

7th Sunday

A strong N W wind rose at 10 we remained on deck all ... afraid the Canga which is very crank might upset, this day on passing Abu Gigè a [illegible] with turks on board put out, as usual they began beating the arabs, when one jumped overboard, I thought he had fallen overboard & wished our boat to put about but I was soon undeceived by seeing him jump on shore & run away, the Turks use their poor people in a most oppressive & shameful manner. Settled all accounts. Cost. 4 piastres & 1/2 cant from Cairo

8th Monday

The wind continues violent, obliged to take in sail the wind increasing obliged to furl all. in this manner went at the rate of about 3 miles & 1/2 an hour, the sand was whirled about enough to smother one, passed to day the birds rocks, on which was a Monastery, obliged to stop in the middle of the day at Miniet, shot 2 birds of paradise. This evening visited by one Syrian Nicolas a Greek who has resided for 12 years in this place he makes a point of visiting all travellers & telling them

Fragmento del diario en el que Henry Westcar relató su periplo; nunca lo llegó a publicar. *Westcar on the Nile*, Heike Schmidt.

El texto recoge cinco cuentos mágicos ambientados en el reinado del faraón Keops, mil años anterior. Sólo se conservan completos tres de ellos, uno de los cuales es el que nos ocupa.

Dyedi poseía un repertorio de los que quitaba el hipo, hasta el punto de que Keops, artífice de la gran pirámide de Guiza —la mayor jamás construida y la más antigua de las siete maravillas del mundo—, tuvo el gusto de llamarlo y disfrutarlo en palacio. El papiro explica detalladamente cómo llegó Dyedi al que, sin duda, fue el momento más importante de su carrera. La idea de verle actuar surgió en un encuentro familiar. Los hijos de Keops, con objeto de entretener a su padre, andaban narrándole hechos fantásticos acaecidos en épocas anteriores, resueltos gracias a las habilidades mágicas de alguno de sus protagonistas. Cada suceso es uno de los cuentos que aparecen en el papiro.

Tras el primer relato, prácticamente perdido en su totalidad (tal vez fueran varios los extraviados, pues es factible que hubiera uno por cada hijo de Keops), Kefrén, quien también sería faraón y ejecutor de la pirámide que lleva su nombre, refiere la historia de un sacerdote cuya mujer le era infiel con un aldeano. Para castigar su procacidad, el esposo agraviado fabricó un cocodrilo de cera. Este, al ser lanzado a un estanque por un sirviente, se transformó en real, capturó al amante, lo retuvo siete días en su estómago, y luego lo arrastró consigo a las profundidades. La adúltera esposa tampoco acabó bien, quemada y arrojada al río por orden del faraón.

A continuación, tomó la palabra Baefra, también futuro faraón. Detalló la estimulante historia sucedida al rey Snefru, padre de Keops, quien como distracción se hizo embarcar con veinte vírgenes de pechos firmes, entre las más bellas y esculturales de palacio, desnudas y ataviadas con un collar. Remarían para él en el estanque del palacio... A cualquiera le parecería el preludio de una historia subida de tono. Pero no al faraón, a quien lo que más le ensimismó de todo aquello fue el rítmico movimiento de los remos. En eso estaba cuando el pendiente turquesa de una de las remeras cayó al agua. Ella, afligida, quería recuperar la joya; él continuar disfrutando de la visión (de los remos). La solución llegó de las palabras mágicas proferidas por un sacerdote. Al pronunciarlas, en una evidente similitud con el milagro siglos después consumado por Moisés, las aguas del estanque se retiraron, exhibiendo el pendiente en el fondo, que pudo así recuperarse.

Se llega así al siguiente cuento del papiro, el que inicia la primera historia documentada del ilusionismo: Hordedef, otro de los hijos de Keops, célebre en el Egipto antiguo por su sabiduría, advirtió que era su turno y decidió dar un golpe de efecto. Afirmó que los hechos rememorados por sus hermanos pertenecían al pasado y, por tanto, no había modo de ratificar su certeza. Y propuso a su padre conocer a Dyedi, un súbdito ya mayor, capaz de unir una cabeza cortada con su cuerpo, o de lograr que los leones le siguieran pacíficamente, cualidad esta que suele pasar desapercibida, pero que le convierte, no sólo en el primer mago, sino también en el primer domador de leones del que hay referencia.

A semejantes habilidades, Hordedef añadió un argumento final: el anciano conocía dónde se hallaban las cámaras secretas del templo del dios Thot. Keops las intentaba localizar para construir unas similares, de modo que aquel razonamiento se convirtió en definitivo y el faraón urgió a disfrutar de la presencia de Dyedi en palacio. Por orden de su padre, Hordedef en persona preparó una pequeña flota y fue a buscarlo. Le localizó feliz, tumbado mientras un siervo le masajeaba la cabeza y otro los pies. Hordedef habló con Dyedi, puso a su disposición dos naves y, este, presumiblemente aturdido y emocionado por el honor, se fue de vuelta con él en compañía de familia y escritos.

Dyedi encontró expectante al faraón, dispuesto a presenciar el portentoso efecto de cortar cabezas y unirlas de nuevo. Keops propuso comenzar con un prisionero, pero Dyedi tenía principios y le rogó que no fuera sino con animales. Aceptada la petición, se inició el espectáculo.

Primero fue un ganso. La cabeza se colocó en la parte más oriental de la sala de columnas, el cuerpo en la más occidental. Después de las pertinentes palabras mágicas de Dyedi, la parte del tronco comenzó a andar, la cabeza a avanzar y, tras acoplarse ambas, el ganso graznó de nuevo. Luego le llegó el turno a otra ave más, con el mismo resultado mágico. Y, finalmente, se atrevieron con un buey. El mago emitió las palabras mágicas y el buey se recompuso y anduvo con cuerpo y cabeza unidos. Espectacular(1).*

Dyedi continuó además con una trascendental predicción sobre el comienzo de la quinta dinastía, desarrollada en el cuento posterior. Y recibió un generoso pago por su habilidad: vivir en el palacio de Hordedef y disfrutar de una opípara ración de viandas. Estas servirían para colmar su inmenso apetito, capaz de hacerle ingerir quinientas hogazas de pan, medio buey o cien jarras de cerveza, necesidad que, de ser realmente saciada, seguro que fue también un grandioso efecto de magia…

Quizá Dyedi, al igual que ocurre con sus trucos, no fuera más que una ilusión. En primer lugar, porque el cuento se escribe mil años después de la época de Keops. De haber existido algún acontecimiento real que inspirara la historia descrita, el transcurso de un milenio entre los hechos y su narración evidencia la dificultad de que pudiera ajustarse a la realidad. Además, el texto de Dyedi está incluido en un compendio de leyendas fantásticas. Son relatos de ficción.

Y, a pesar de todo, es fundamental para la historia del arte ilusionista, pues la narración está centrada en la actuación de un sujeto cuyo objetivo fue y he aquí lo enormemente revelador, entretener. Un concepto de magia como ocio similar al actual. El texto, asimismo deja entrever que un espectáculo de este tipo no era anormal en la cultura egipcia. La propuesta de contemplar la actuación de Dyedi aparece como algo corriente, citado sin más. No hay necesidad de explicar nada; el deseo de admirar las destrezas de un mago es plausible para amenizar al faraón.

En definitiva, la existencia de magos y de sus manifestaciones, con un propósito no religioso sino de distracción, no era

* Nota: El número entre paréntesis indica el número de referencia en el listado de textos antiguos sobre efectos ilusionistas. Véase el apéndice «Índice de efectos de ilusionismo».

ajena a los egipcios hace tres mil seiscientos años. O más, en torno a cuatro mil años, pues, por el estilo del texto, la egiptología lo sitúa en la dinastía XII, durante el imperio Medio, pudiendo haber llegado a nosotros una versión posterior.

Existe otro elemento revelador. El efecto que se propone como realizado por el mago no es exagerado, como en el resto de los textos. Es algo que los magos sabemos que entra dentro de lo practicable. Incluso el detalle de que Dyedi solicite no realizar el efecto mágico con personas sino con animales tiene mucho sentido para un mago. Sabe que el truco no se podría efectuar con seres humanos, precisamente porque es un truco y no hay poderes reales para restaurar y resucitar a la persona. De haberlos, no existiría mayor problema en cortarle la cabeza al preso, aparte del formidable susto que se llevaría.

No sería de extrañar que el efecto mágico se basara en algún tipo de experiencia previa conocida o presenciada por quien escribió el relato. La teatralidad y estructura del juego, exponiendo cabeza y cuerpo cada uno a un lado del recinto para afianzar más la diferencia entre la situación inicial —la separación de las partes y la muerte— y la final —la reunión de ambas y la vida— refuerzan aún más esta hipótesis. Hasta cabe la posibilidad de que fuera un efecto conocido. Así parece indicarlo su aparición en algunos textos populares. La narración «El campesino elocuente», un relato denuncia de la lacra de la corrupción que, ya hace casi cuatro mil años, desesperaba a la población, parece referirse al juego: [...] *son artistas de crear lo que es. De unir una cabeza que ha sido cortada.*

En el relato aparecen algunos detalles menores, también de interés. Dyedi es presentado por el hijo de Keops como un plebeyo, no un sacerdote, como en el resto de los cuentos del papiro. Se destaca así el carácter diferente de su número de magia, enfatizado por la actitud casi ingenua del propio faraón y de las observaciones que realiza. Otro de ellos, el deseo de presenciar el número con el prisionero, ha generado polémica. Los egiptólogos han conjeturado que fuese debida a un intento por parte del escritor de ofrecer una imagen cruel de Keops. O al revés, que quisiera expresar su magnanimidad, primero ejecutando la pena capital de la que sería acreedor el reo para, después, restituirle la vida.

¿Y si es más sencillo? Proceder como hizo el faraón cuando existe el convencimiento de que el efecto puede cumplimentarse es sólo un ejemplo más de lo que los magos comprueban una y otra vez todavía en el siglo XXI: en numerosas ocasiones los potenciales espectadores, desconocedores de los límites del arte ilusionista, llevan al extremo su imaginación hasta pedir al artista la ejecución de deseos realmente impracticables.

Son escasas las reseñas conservadas de números de magia previos al período grecorromano, pero el ilusionismo no nace en un día ni es fácil de improvisar. Exige tiempo y evolución. Por la calidad del efecto descrito en el papiro de Westcar, y por la naturalidad con la que se concibe y disfruta de la actuación de Dyedi, se hace fácil postular la existencia de juegos de magia en el Egipto antiguo. Realidad que convierte la práctica del ilusionismo en un extraordinario arte de, al menos, cuatro milenios de existencia, con escasos pero muy competentes vestigios del ingenio y de la excelencia que desplegó.

HERRAMIENTAS BÁSICAS DEL MAGO

En la sociedad egipcia, la magia —o *heka*—, estuvo extendida a todas las facetas de la vida cotidiana. El mismo faraón, aun gozando de carácter divino, requería su amparo. Era reverenciada como fuerza creadora omnipresente. Intercomunicaba el universo, los dioses, los seres vivos y cualquier aspecto de la realidad por muy plural que esta fuese, desde sucesos fútiles hasta campañas militares o la preparación para el más allá.

Conocer la *heka* permitía comprender los múltiples aspectos del funcionamiento de la naturaleza, cada uno perteneciente al ámbito de una divinidad. Y controlarla obligaba a esos mismos dioses a actuar ante posibles peligros o cualquier otro devenir que pudiera afectar a la estabilidad individual o colectiva.

Estudiar la magia fue función de un selecto grupo de escribas y sacerdotes, habitualmente escogido desde edades tempranas para adentrarse sabiamente en ella. El término genérico de magos con el que se les designa es ilustrativo, pero erróneo. Lo correcto sería «sacerdotes lectores», expresión con la que se describía a los eclesiásticos altamente reconocidos y respetados por su erudición y entendimiento de la *heka*. Los sacerdotes lectores mantenían en secreto su ciencia, enfocada al bienestar del estado y la armonía de Egipto.

Esta magia poco tuvo que ver con el ilusionismo, pero acabó afectándolo profundamente debido a dos importantes motivos. En primer lugar, porque, ante la imposibilidad de ejercer prodigios, aparecieron trucos para simularlos. Y en segundo, por la posterior influencia de algunos de sus elementos en las herramientas básicas de los ilusionistas. De ellos trata el resto del capítulo.

En un mundo donde coexistían dioses de tantas civilizaciones, las principales divinidades habían de reivindicarse en base a su capacidad para ejercer maravillas. Para lograrlo surgieron mitos religiosos, milagros y portentos de fieles amparados por sus dioses. El Éxodo nos permite explorar esta posibilidad. Los versículos que nos detallan cómo Moisés intenta persuadir al Faraón para que deje en libertad a los judíos describen el conflicto como una lucha de poderes entre Aarón, hermano de Moisés, y los magos egipcios:

> Moisés y Aarón se presentaron ante el Faraón [...]. Aarón arrojó su bastón delante del Faraón y sus servidores, y se transformó en una serpiente.
>
> El Faraón convocó a los sabios y hechiceros; y los magos de Egipto, valiéndose de sus artes secretas, hicieron otro tanto. Cada uno arrojó su bastón, y estos se transformaron en serpientes.

Como consecuencia, el primer combate quedó en tablas (con cierta ventaja para Aarón, pues luego su serpiente devoraría a las demás), quizá porque el efecto de transformar un bastón en serpiente fuera un truco común entonces. Pero, muy pronto, los dos hermanos dejarían temblando a los magos del obstinado faraón, siempre opuesto a dejar marchar al pueblo judío. Las diez plagas enviadas por Yahvé sobre Egipto para instar a la liberación de los hebreos acabarían por convertirse en catastróficas para los egipcios y sus desgraciados magos que, inicialmente, resistieron el embate de la primera de ellas:

> Aarón levantó su bastón y golpeó las aguas del Nilo, a la vista del Faraón y de su corte. Y el agua del Nilo se convirtió en sangre [...]. Pero los magos egipcios, valiéndose de sus artes secretas, hicieron lo mismo.

También aguantaron el asalto de la segunda plaga, la de las ranas.

> Aarón extendió su mano sobre las aguas de Egipto, y las ranas subieron hasta cubrir el país. Aunque los magos de Egipto, hicieron otro tanto.

Con la tercera plaga, una vez transformada la arena del suelo en mosquitos gracias al bastón de Aarón, claudicaron:

> [...] Los magos intentaron producir mosquitos, valiéndose de sus artes secretas, pero no lo consiguieron. Los mosquitos atacaron a hombres y animales. Entonces, los magos dijeron al Faraón: «Aquí está el dedo de Dios».

Para la sexta plaga ya ni aguantaban el tipo:

> Los magos no pudieron resistir delante de Moisés a causa de las úlceras que les habían salido como a todos los demás egipcios.

Con la séptima, una terrible granizada, los ministros del faraón, olvidando el enfrentamiento con Moisés, optaron por ser prácticos y refugiaron en establos a ganado y esclavos. Y tras la décima y última plaga, el faraón no le quedó otra que liberar al pueblo de Israel. Sus magos, y él mismo, habían sido derrotados.

Una interesante hipótesis científica sugiere que las plagas de Egipto pudieron ser secuela, o bien de un cambio drástico de la temperatura local, o bien de la demoledora erupción del volcán de la isla Santorini, potencial causa del declive de próspera civilización minoica. Pero, independientemente de que hubiera sido así, el texto nos deja dos interesantes apreciaciones históricas no relacionadas con la veracidad de los hechos en los que se basan. La primera de ella es, como ya ocurrió en el caso de Dyedi, la naturalidad con la que el autor recurre a los magos y, sobre todo, a sus trucos, que aquí se convierten en un reto, un desafío a superar. La transformación inicial de un objeto, el bastón, en un animal, la serpiente, aparece tan solo como un truco mágico que ha de ser igualado. La segunda tiene que ver con el bastón de Aarón. Sus connotaciones son análogas a las de nuestra moderna varita mágica. Un bastón, o vara, que cuando es empuñado, zarandeado o utilizado para tocar con él algo, produce un efecto mágico.

En pasajes posteriores del Éxodo proseguirá la exhibición de sus variados y asombrosos usos. Servirá para atravesar el Mar Rojo, tras separar Moisés sus aguas con ella a ambos lados, permitiendo a los judíos cruzar de orilla a orilla sin sufrir daño; para salir triunfantes de una batalla contra los amalecitas, acérrimos enemigos de los judíos; y para hacer brotar agua con la que calmar la sed del pueblo israelita, en un lugar tradicionalmente situado en la antigua y legendaria Petra, en la actual Jordania.

Es imposible inferir cómo y cuándo la vara llegó a ser considerado un instrumento con poderes mágicos. Pero indiscutiblemente fue en tiempos remotos pues, para cuando las civilizaciones antiguas estuvieron asentadas, la varita ya era una popular herramienta de magia. Los más probable es que posea orígenes diversos desarrollados a partir de objetos rectilíneos (cayados, cetros, bastones de mando, armas...), o derive de artículos similares considerados mágicos. A este grupo pertenece una vara mágica de Egipto, la formada por serpientes onduladas o entrelazadas.

Los hebreos sólo pudieron liberarse de la esclavitud tras manifestar mayor poder que el ostentado por los magos egipcios. Fue el comienzo del Éxodo. En la imagen, Aarón transforma su vara en serpientes en una versión libre que las presenta como dragones. Ilustración de Cornelis Huyberts (c. 1720, aguafuerte). Rijksmuseum, Amsterdam.

Cuando Moisés mantenía la vara en alto triunfaba el pueblo de Yahveh, si se cansaba y la bajaba, lo hacía el amalecita. *Batalla entre israelitas y amalecitas.* Ilustración de *Figures de la Bible* , Gerard Hoet y otros (1728, Publicado por P. de Hondt, La Haya). Imagen cortesía de Bizzell Bible Collection, Bibliotecas de la Universidad de Oklahoma, USA.

El pueblo israelita bebe del agua que Moisés hace brotar de la roca. Phillip Medhurst. St. George's Court, Kidderminster (©Philip De Vere).

Las serpientes entrelazadas simbolizaban el control del poder de la magia, de la *heka*. Y fueron populares en Egipto y en otras culturas mediterráneas. En época griega y romana se suponía que el caduceo portado por el dios Hermes (Mercurio) surgió como evolución de ellas. Saturnales, un nostálgico tributo a las civilizaciones clásicas, argumentó esta visión. Explicaba que las cabezas de las dos serpientes entrelazadas egipcias, enfrentadas como si fueran a darse un beso, dieron lugar al caduceo.

El nexo entre la vara mágica y las serpientes aparece, de nuevo, en el Éxodo. Este libro, compuesto hace unos tres milenios, no sólo contiene, como se ha visto, algunas de las referencias más antiguas de utilización de una vara mágica manejada de modo similar al actual, también comienza el relato de la liberación de Egipto con un suceso que relaciona indefectiblemente esa misma vara mágica con serpientes. Lo vivió —o lo sufrió— Moisés, a la vez que comprobaba los prodigios que podría lograr con ella:

> Y Yahveh dijo [a Moisés]: ¿Qué es eso que tienes en tu mano?
> Él respondió: Un cayado.
> Y él le dijo: Échalo en tierra. Y Moisés lo echó en tierra. Y se convirtió en serpiente.
> Moisés huía de ella. Entonces dijo Jehová a Moisés: Extiende tu mano y agárrala por la cola. Y él extendió la mano, la agarró y volvió a ser un cayado.

Unido a las evidencias aportadas por Egipto y el pueblo judío, otro imprescindible testimonio atestigua la presencia firme de la vara mágica en la influyente civilización griega.

La *Odisea* (s. VIII a.C.) describe la épica aventura de vuelta a casa de Ulises (Odiseo) tras su victoriosa participación en la guerra de Troya. En el transcurso de los diez años de peripecias, solventadas con astucia más que con fuerza, perdió todos sus hombres y barcos, superó con audacia combates desiguales y fue traicionado por los ruines pretendientes de su esposa Penélope (y del patrimonio que, como reina consorte, administraba). Alcanzó Ítaca, su patria añorada, solo, sin apenas apoyos, con Penélope vigilada y el palacio ocupado por enemigos poderosos. Ulises habría sido asesinado al poco de ser reconocido.

Urgía una estrategia que culminara con éxito la epopeya. Y llegó acompañada de la varita mágica, aplicada ya entonces de manera idéntica a la actual: con un leve y maravilloso toque mágico. Atenea, hija de Zeus y protectora de Ulises, rozó al héroe con su vara de oro. Al momento mudó de apariencia, transformándose en un mendigo anciano. Con esa guisa pudo recabar información, encontrarse con Penélope y Telémaco —su hijo—, entrar en palacio, matar a sus rivales y castigar sin remilgos las tropelías sufridas.

Las serpientes entrelazas fueron un poderoso símbolo de magia en las principales civilizaciones de la cuenca del Mediterráneo. Arriba, terracota de Ishtar, diosa de Mesopotamia, sosteniendo dos serpientes entrelazadas (Museo del Louvre, París, ©Marie-Lan Nguyen); abajo, Dyehuty (Thot), divinidad egipcia asemejada a Hermes en Grecia, lleva en su mano izquierda las serpientes enroscadas de *heka* (templo de Seti I, Abydos (s. XIII a.C.). En la página siguiente: Ambas serpientes probablemente inspiraron el caduceo de Hermes (respectivamente, The metropolitan Museum of Art. Nueva York y Museos Vaticanos).

Un guion así es un regalo para la historia del ilusionismo. La *Odisea* es la transcripción de poemas orales previos al desarrollo del alfabeto griego, transmitidos por cantores anteriores al siglo VIII a.C. Por tanto, la vara mágica, utilizada exactamente del mismo modo que le otorgan los ilusionistas actuales, es previa a la invención de la escritura griega. Este valioso dato, unido a los aportados por Egipto y Próximo Oriente, da fe de la antigüedad y extensión territorial de la vara mágica.

La *Odisea* aporta, asimismo, indicios del uso habitual de las varas mágicas. En ella aparecen hasta dos más. Del poder de una de ellas fueron destinatarios los compañeros de Ulises. No tan afortunados como él, murieron todos antes de avistar Ítaca en las diferentes desdichas que padecieron. Y ni siquiera tuvieron suerte como destinatarios de la magia que recibieron de la varita. Al contrario, esta les supuso una penalidad más, pues quien la manejó fue la maliciosa Circe, hechicera que embelesó a parte de la tripulación para luego transformarla en cerdos con su poderosa vara mágica.

Afortunadamente, Ulises recurrió también a la magia para despertar hacia él la pasión de Circe. Enamorada, aceptó revertir los cerdos a su anterior condición humana, consumado igualmente con la varita. Y Ulises disfrutó del amor y el lecho de la diosa durante un año, en tanto su mujer le guardaba la ausencia acosada por todos.

El modo gracias al cual Ulises sedujo a Circe y resistió el poder mágico de su vara fue el uso de unas hierbas regaladas por el dios Hermes, a quien encontró camino del palacio de la hechicera. Curiosamente este dios es conocido en la *Odisea* como *el de la vara de oro,* en alusión a la tercera aparición en la obra de Homero de dicho utensilio mágico. La vara de Hermes era el caduceo, un báculo de pastor que canjeó con otro dios, Apolo, a cambio de una flauta.

En suma, el libro del Éxodo, la literatura mitológica griega y las raíces mágicas de *heka* en Egipto corroboran el antiquísimo origen y difusión de la varita mágica. Su uso caracterizó ya para siempre la imagen del mago y la magia. Lo apunta su aparición en textos mil años posteriores a la *Odisea,* pero en los cuales la utilización es homóloga a la aplicación dada por Atenea y Circe

Uno de estos textos pertenece a Pseudo Calístenes, denominación dada al autor, s. III d.C., de *Vida y hazañas de Alejandro de Macedonia.* Se trata de una célebre biografía del conquistador griego, traducida entonces a un buen número de idiomas y convertida en una especie de superventas de la antigüedad. Resulta llamativa por la interesante mezcla de fantasía literaria y por las mañas acometidas por uno de sus personajes, cuya imagen de mago ataviado con capa, varita y poderes es el que aún hoy perdura en el imaginario popular.

El primer capítulo de la obra, más novela fantástica de corte histórico que compendio bibliográfico riguroso, pretende demostrar que Alejandro Magno era descendiente directo de los faraones. De ese modo, su acceso al trono egipcio, en el año 332 a.C., habría sido legítimo y no una usurpación. Para conseguirlo, el escritor niega la paternidad de Alejandro a Filipo de Macedonia, su padre real, y se la otorga a Nectanebo II, el último faraón nativo de Egipto, con cuya semblanza se inicia el relato.

Nectanebo fue para la historia —pero sobre todo para la leyenda y, por supuesto, para aquel libro— un profundo conocedor de la magia y de sus asombrosos y efectivos poderes. La utilizó con ingenio como modo de asegurar la paz de su reino frente a potencias extranjeras. Modelaba con cera barcos y figuritas humanas de las tropas rivales, colocaba las estatuillas en las naves y estas en un recipiente con agua, procediendo a continuación con encantamientos que dotaban de vida a las figuras. Cuando lo había conseguido, hundía barcos y figuritas vivientes en el agua y, en un prodigioso ejemplo de magia por simpatía, las fuerzas de la naturaleza se desataban sobre los enemigos reales, que acababan de igual forma. Un método fácil e incruento para el pueblo, que a la vez evitaba baños de sangre y el dispendio de dedicar importantes recursos a mantener un ejército poderoso.

Para realizar los conjuros de las estatuillas, Nectanebo sólo requería dos objetos. De nuevo, uno de ellos era el bastón, referente de poder y objeto prioritario en la ejecución de la magia. El otro también es interesante para el ilusionismo: se trataba de su túnica, habilitada como manto para desplegar magia, antecedente de la ilustre y muy noble capa de mago.

Nectanebo, en otro precedente de prácticas aún en boga entre los ilusionistas modernos, fue víctima de algo similar a una rebelión de los objetos. En cierta ocasión, el poderoso ejército persa marchó contra Egipto. Nectanebo, resuelto a repeler de nuevo la agresión con agua, cera y magia, lo dispuso todo para sepultarlo bajo el mar. Pero esta vez, para su sorpresa, las estatuillas, la magia y los dioses se pusieron de parte de los invasores. Los barquitos adversarios se abalanzaron contra los del faraón y este entendió que poco tenía que hacer. Así que, pragmático y poco dado a enfrentamientos bélicos como era, afeitó su cabeza, eliminó la barba y, disfrazado, zarpó cargado de oro hacia las costas de Macedonia.

No le fue mal con la sociedad helena, donde sus dotes adivinatorias le granjearon importantes amistades. Con astucia, combinó magia y trucos ilusionistas para finalidades más licenciosas. La novela explica cómo, gracias a avispadas y pacientes argucias —y a alguna estatuilla de cera más—, aprovechó la ausencia de Filipo. Hizo creer a su esposa, Olimpia de Epiro, que su hijo, el futuro Alejandro, había de ser engendrado de modo divino. Una vez totalmente convencida, quedó embarazada creyendo que había sido obra de una deidad y no del caradura de Nectanebo, hábilmente disfrazado del dios que ella creía ver en sueños y con el que yació una y otra vez. El texto narra también cómo el peculiar amante se valió posteriormente de la magia para no dejar ni un atisbo de duda en el burlado y muy enfadado rey Filipo.

Las aventuras de Nectanebo II sirven asimismo de pretexto para reseñar brevemente la importancia en Egipto de las figuras de cera, amuletos y otros elementos mágicos que perduran aún hoy, aunque del lado de la magia esotérica, motivo por el que no abarcan mucho espacio en este libro.

Modelar y utilizar estatuillas de cera fue un artificio mágico recurrente en toda la historia egipcia antigua. Eso explica que aparezcan tanto en las historias fantásticas del papiro de Westcar como en el relato de Nectanebo, a pesar de la enorme brecha temporal entre ellas. La popularidad de las estatuillas fue debida a la confianza que los egipcios depositaban en la magia simpática o de los símiles, basada en que lo que le ocurre a un objeto le acontecerá a otro análogo. Tal y como hizo Nectanebo, si deseaban que a un sujeto, colectivo o ente le sucediera algo concreto, confeccionaban una figurita que lo representara y procedían a realizar con ella lo que se pretendía que le sobreviniera al primero.

Fueron utilizadas también para preparar la ineludible visita al más allá. Se depositaron miles de pequeñas y maravillosas estatuillas en las tumbas egipcias, de diferentes calidades y materiales, extraordinarias reliquias —en muchos casos preservadas intactas— cuyo destino en la vida eterna era convertirse en sirvientes del fallecido. Las inscripciones e invocaciones que habitualmente llevaban les permitirían cobrar vida y trabajar para su dueño en las distintas funciones para las que habían sido creadas. Podían ir complementadas con reproducciones de establecimientos, ganado, útiles, e incluso barcos, de forma que no faltasen comodidades, entretenimiento y diversidad de alimentos.

El amuleto compitió en popularidad con la estatuilla. Es el elemento mágico más frecuente en los yacimientos egipcios, utilizado profusamente a diario y en cultos funerarios. Es probable que Egipto sea la civilización que más los haya utilizado y valorado. Algunos, incorporados a objetos cotidianos, se perpetuaron hasta hoy. A este grupo pertenecen, por ejemplo, el *ankh*, o símbolo de la vida, y el ojo de Horus, habituales entre los objetos de artesanía y orfebrería de hace cuatro mil años, y en mercados actuales de casi cualquier parte del mundo.

¡ABRACADABRA! LAS PALABRAS MÁGICAS

La varita y la túnica mágica no son los únicos elementos clásicos del ilusionista contemporáneo ya presentes en las primeras grandes civilizaciones. La apabullante presencia de lo mágico en el antiguo Egipto nos provee de cuantiosos datos históricos acerca de otra importante integrante de nuestra parafernalia: las palabras mágicas.

En la cultura egipcia, las palabras tenían poder creador y capacidad para ejercer influencia sensible en vivos y muertos. Proferidas adecuadamente se imponían a los dioses y se convertían en la herramienta decisiva y precisa para ejercer *heka*, magia. Ni siquiera el trascendental viaje al más allá —repleto de trabas y encuentros con deidades— estaba eximido de su uso. *El Libro de los Muertos* recopilaba frases para superar las diferentes etapas de la travesía hacia el juicio presidido por Osiris.

Tanta importancia cobraban las palabras, que el nombre propio de una persona formaba parte de su esencia constitutiva. Su sola pronunciación podía bastar para revivirla en el más allá, máxima obsesión de los egipcios y origen de las principales obras que dejaron a la humanidad. Les inquietaba la contingencia de que el nombre no permaneciera, pues, si este era destruido o desaparecía, la posibilidad de renacer quedaba suprimida. Borrar el nombre de una persona significaba además igualarla a la nada, eliminar su existencia de la misma Historia. Así se pretendió con el faraón hereje Akenatón, a quien no se perdonó aupar al dios solar Atón como único importante; y con su probable hijo, el célebre Tutankamón.

La trascendental importancia de las palabras las convirtió en inseparables de la magia. Conocer el nombre de cualquier ser u objeto del cosmos y aplicarlo correctamente en un enunciado invocado con exactitud permitía desplegar sobre él la potestad de la magia. La precisión al recitar los conjuros, por enrevesadas o incomprensibles que fueran sus formulaciones mágicas, se hizo esencial para someter a espíritus y dioses. En consecuencia, el ilusionismo, cuya base es la simulación de efectos de magia, adoptó de modo natural las frases mágicas como fundamentales para concretar el momento mágico.

La actuación de Dyedi, a pesar de ser la más temprana registrada, testimonia ya el maridaje ilusionismo y palabras mágicas. En la crónica de las tres recomposiciones realizadas por el viejo mago, el objetivo, de cara al lector, es atestiguar que obró los prodigios sirviéndose exclusivamente de conjuros:

> [...] Dyedi dijo sus palabras mágicas y el ganso se alzó sobre sus patas; y su cabeza del mismo modo. Después se aproximaron el uno al otro y el ganso se levantó cacareando. A continuación, otra ave, y con ella sucedió lo mismo. Entonces su majestad ordenó que trajeran un buey, cuya cabeza había sido derribada al suelo. Dyedi dijo sus palabras mágicas y el buey se levantó tras él.

Las frases y encantamientos mágicos estaban recogidos en multitud de soportes, desde pirámides y sarcófagos a papiros, accesorios cotidianos y baratijas personales. Su influencia fue significativa en las civilizaciones vecinas y, todavía hoy, parte de nuestro acervo ilusionista es heredero de vocablos y conjuros mágicos. Un ejemplo notorio es «Abracadabra», la más popular de las palabras mágicas. De una antigüedad probablemente superior a los dos mil años, Abracadabra pudo proceder de expresiones semitas fonéticamente similares, o quizá de términos persas, aunque no se conoce con exactitud la etimología primera. La única certeza es que formaba parte del vocabulario utilizado en hechizos mágicos y talismanes a principios de nuestra era.

Abracadabra. Modo de escribir la palabra en un pergamino para combatir la fiebre. Marina Gallego (2019, ilustración original a color, papel).

Su pronunciación guarda cierta semejanza con el término *abraxas*, denominación de las piedras talladas con el dios gnóstico Abraxas. Fue reverenciado en Egipto a comienzos del primer milenio, cuando la influencia de la lengua griega y latina era patente. Existen diferentes interpretaciones acerca del significado de abraxas, pero hay una ineludible y de evidente carácter mágico basada en el sistema de numeración griego. Este, como el romano, utilizaba las letras de su alfabeto para representar los números:

Sustituyendo cada letra de abraxas, *αβραξας*, por su valor numérico en el sistema de numeración, el resultado es 1 + 2 + 100 + 1 + 60 + 1 + 200 = 365, los días que integran un año. Abraxas sería una palabra mágica y cosmológica relacionada con la duración del año, tal vez referida, según se creía, al dios que tutelaba a los 365 genios que rigen cada uno de los días que lo componen.

La primera aparición textual encontrada de «Abracadabra» como tal no pertenece a ninguna fuente griega ni egipcia. Se encuentra en *Liber medicinalis*, poesía médica redactada en latín y que los códices medievales asignaron a un tal Quinto Sereno Sammonico. Se desconoce quién pudo ser este autor, aunque la historia lo ha identificado sin consenso con el renombrado sabio romano del mismo nombre, o con su hijo, Sereno Septimio Sammonico. En caso de que, efectivamente, hubiese sido así, *Liber Medicinalis* se habría redactado a finales del siglo II o principios del III.

El texto es un extenso poema médico, el único de su tipo que perdura, con explicaciones de remedios para combatir enfermedades. Siglos después, en la Edad Media y con el título de *Medicina Praecepta Saluberrima*, fue obra de consulta a pesar de su nulo rigor científico. Prueba irrefutable de esta afirmación es precisamente la prescripción de cómo utilizar la palabra *Abracadabra* para acabar con las calenturas hemitríteas, temibles fiebres intermitentes al estilo de las palúdicas. El tratamiento, según el poema, es como sigue.

En un amuleto o en un pergamino se escribe la palabra *abracadabra*; debajo de ella se vuelve a escribir abracadabra, pero eliminando la última letra; en la tercera línea se repite el proceso suprimiendo otra letra más, la que antes ha quedado como última; y así se continúa, descartando cada vez la última letra de la palabra de la línea anterior, hasta llegar solo a una letra en el vértice del triángulo que se habrá formado. Se procede a colgar el amuleto en el cuello con un cordel y, según asevera el pasaje, la fiebre remitirá hasta su total desaparición. Aunque *algunos aseguran* —observa Quinto Sereno— que ayuda untar el amuleto con grasa de león, entrelazarlo con un útero seco de gata o, más sencillo pero costoso, enhebrándolo a esmeraldas auténticas y a una perla blanca pulida.

El oscurantismo científico en el que se sumergió Europa durante la Edad Media, junto con la notoriedad de las prácticas supersticiosas, contribuyó probablemente a que la palabra «abracadabra» se repitiera en ritos de sanación y extendiera su renombre. Su sonoridad indujo el salto al arte del ilusionismo, y ahí sigue, parece que para quedarse.

3.

MESOPOTAMIA Y PERSIA

TE HE PILLADO. EL PRIMER TRUCO REVELADO

Mesopotamia y Persia fueron civilizaciones coetáneas de Egipto, pero su aportación a la historia del ilusionismo es tratada por separado, no sólo por necesaria claridad expositiva, sino también por su diferente carácter cultural. La historia, estabilidad y suerte del país del Nilo hechizó con los siglos a todos los que le conocieron o le ocuparon, desde los griegos de Alejandro Magno hasta los alemanes, franceses e ingleses de imperios modernos. Sin embargo, la tierra del Tigris y el Éufrates hubo de asistir a una tormentosa cadena de conflictos, penalidades y guerras entre las ciudades estado que la formaron primero y las potencias militares que les sucedieron después, entre otras, Sumeria, Acadia, Asiria, Babilonia, Persia y Partia.

Con una historia tan revuelta podría suponerse que poco quedaría de su extraordinario legado. Pero no ha sido así. O si lo ha sido, fue tanto lo que hubo que es mucho lo que queda. Le debemos, entre otras muchas aportaciones, técnicas agrícolas, el impulso de la contabilidad, la defensa jurídica y la utilización del sistema sexagesimal, que aún hoy manejamos cuando medimos ángulos o miramos el reloj.

Puede que Mesopotamia sea el mejor ejemplo de civilización donde la magia contribuyó al avance de las ciencias.

Los astrólogos y eruditos estaban firmemente convencidos de que el futuro estaba determinado por patrones de repetición periódicos, manifestándose estos en la disposición de las estrellas y objetos celestes. El estudio minucioso y exhaustivo de los ciclos permitiría conocer cuándo volvían a aparecer, pronosticando así los sucesos que llevaban implícitos. De este modo, el deseo de anticiparse al destino, desentrañándolo previamente, impulsó la astronomía y las matemáticas.

Resulta chocante que, de tan doctas observaciones, se derivaran insólitos presagios, del tipo: *si el eclipse es contemplado por la tarde anuncia plagas* [...] *contemplado a mediodía un debilitamiento de la economía.* A veces las conclusiones eran aún más desafortunadas. Convencidos de que los eclipses portaban malos augurios, después de calcularos, estableciendo con impresionante exactitud de minutos la órbita de la luna y sus cambios de velocidad, tomaban decisiones amargas. Si consideraban, por ejemplo, que podrían conllevar la muerte del rey, en ocasiones, durante el eclipse, el monarca cedía su trono a un preso, coronado al efecto y posteriormente ejecutado.

Lo mágico también alentó el estudio de la anatomía animal. Suponían que las entrañas de ciertas especies podían contribuir a descifrar el futuro. Esta disciplina, la hieroscopia, exigió un minucioso conocimiento de determinados órganos animales (hígado, intestino, pulmones...) con una precisión no alcanzada hasta estudios anatómicos muy posteriores. La técnica adivinatoria llegaría a Roma con el nombre de aruspicina. Allí los arúspices, adivinos expertos en el examen de las entrañas, fueron consultados incluso en las decisiones de Estado.

En el campo del ilusionismo, el área de influencia mesopotámica dejó la histórica muestra de que, desde siempre, los efectos de ilusionismo han tenido que coexistir con el terrible fantasma de la trampa al descubierto. Con ella exhibida, el mago padece, la magia desaparece y el efecto se desmorona. Se la debemos a Daniel, joven judío de la corte de Nabucodonosor II, el gran rey de Babilonia que asoló Jerusalén en 586 a.C.

Mesopotamia añadió una peculiar contribución al mundo de lo mágico, aún en vigor: la astrología y la configuración zodiacal de la que somos herederos. Crearon unas dieciocho constelaciones, que luego griegos y romanos cambiaron de nombre, redujeron a doce y adaptaron a sus seres mitológicos. En la imagen acuerdo jurídico grabado en piedra (1100 a.C.), con siluetas mitológicas presentes en las constelaciones zodiacales actuales British Museum (©Marie-Lan Nguyen).

Daniel y tres compañeros hebreos más fueron seleccionados por su elevada cultura para ser instruidos en las costumbres y saberes babilónicos. Se integraron bien, sin grandes conflictos; hasta aceptaron adoptar nombres mesopotámicos. Pero ninguno abandonó su fe, a pesar de que la decisión les hizo pasar por importantes apuros. Según el Antiguo Testamento, Yahveh dotó a Daniel de la facultad de interpretación de sueños y visiones premonitorias. Aquel don salvó su vida y le promovió a jefe de los sabios y adivinos de la corte. Con el tiempo, los diferentes reyes de Babilonia fueron permisivos con la fe de Daniel, la cual, si bien no era compartida, confería a su devoto seguidor una evidente capacidad para discernir profecías.

La astucia y el sentido común de Daniel le otorgaron un gran prestigio. La Biblia católica explica que, gracias a ello, libró de la muerte a una atractiva joven de nombre Susana, casada y deseada por dos jueces ancianos. Los hombres intentaron abusar de ella un caluroso día en la que la mujer había despedido a sus criadas para bañarse sola en el parque. Gritó para defenderse. Ellos, descubiertos, vocearon también para, al acercarse el gentío, imponer su depravada versión: de paseo por el parque habrían descubierto bajo un árbol a Susana acostada con un hombre; pretendieron sin suerte agarrarle a él, pero evitaron la huida de ella. La asamblea no dudó y condenó a Susana por adulterio y ordenó su ejecución. Casi sin tiempo, Daniel, enterado de lo ocurrido, exigió repetir el juicio con él como defensor de la mujer. Solicitó interrogarlos por separado y, una vez logrado, pidió a cada uno que identificase el árbol en el que sorprendieron a la pareja. Los intrigantes hubieron de improvisar contradiciéndose entre sí; uno citó una acacia, el otro una encina. La inconsistencia de su farsa había sido evidenciada. Susana fue rehabilitada y la pena dictada para ella se obró en sus acusadores, en cumplimiento de lo que las leyes prescribían para las imputaciones falsas.

La capacidad de Daniel para descubrir fraudes le convertiría tiempo después en artífice del primer truco de magia revelado. Para cuando ocurrió, Ciro II el Grande, rey de Persia, había conquistado Mesopotamia, y a Babilonia con ella. Fiel a su carácter, aceptó a los dioses de los vencidos como modo de congratularse con la ciudad, influyente centro religioso para habitantes y ocupantes.

En Babilonia, el dios Bel era una de las divinidades principales. Diariamente se ofrecían cuarenta ovejas a la estatua que lo personificaba. Los animales sacrificados, encerrados durante la noche en el mismo recinto que la imagen, eran ingeridos por la efigie hasta el último bocado. El suceso se confirmaba cada mañana una y otra vez; al abrirse de nuevo el templo, no quedaba ni rastro de los alimentos. El pueblo, hipnotizado por semejante proeza —acompañada además del consumo de otras viandas nada fáciles de digerir de un tirón, entre ellas decenas de litros de vino—, consideraba aquello una muestra de la potestad y grandeza de su dios. Ciro el Grande también estaba deslumbrado. Le preguntó a Daniel cómo no era capaz de creer en un dios vivo y vigoroso como aquel. Quizá pensaba en recibir alguna respuesta teológica de cierta envergadura. Sin embargo, Daniel sonrió y le dio una contestación hoy sencilla de entender, pero por entonces parece que inapropiada: «no se engañe, majestad. La estatua está hecha de bronce por fuera y barro por dentro. Por tanto, ni come ni bebe».

Ciro, molesto, entrevió que, o bien Daniel se había mofado de Bel y blasfemado contra él, lo que le convertía en reo de muerte, o bien los sacerdotes engañaban al pueblo y entonces eran ellos los que habían de morir. Exigió saber quién realmente se comía las ofrendas. Pero el santuario en el que se encontraba el dios era vigilado día y noche por setenta sacerdotes y sus familias, que negaban la existencia de cualquier tipo de truco. La única explicación dada por ellos era que Daniel les había calumniado.

A las partes les pareció bien la medida impuesta por Ciro: haría traer alimentos de manos de sus siervos, quienes lo depositarían y encerrarían en el santuario, junto a la estatua el dios. El monarca lo sellaría él mismo, al día siguiente, lo abriría. Si la comida continuaba allí, los sacerdotes morirían por haber mentido al pueblo y al mismo rey. Si había sido consumida, se ejecutaría a Daniel por su calumnia al clero y a Bel. Daniel aceptó, aunque entró en el santuario antes de que este se sellase para verificar las condiciones en las que se desarrollarían los hechos. Se introdujo tan solo él, con su servidumbre y el rey como testigo. Una vez dentro, delante del soberano, mandó esparcir ceniza por el suelo.

La noche transcurrió serena. A la mañana siguiente, tras comprobar que el sellado permanecía intacto, Ciro procedió a desprecintar el templo y comprobó anonadado que los alimentos habían desaparecido. El dios, como hacía cada noche, los había engullido en un nuevo y opíparo festín. Daniel estaba condenado. Pero Daniel volvió a sonreír. Pidió al rey que mirara al suelo. En él, las cenizas habían plasmado huellas de hombres, mujeres y niños. No fue difícil comprobar que sacerdotes y allegados, a través de un pasadizo bajo la mesa de ofrendas comunicado con el exterior del templo, eran quienes entraban a devorar la comida y la bebida. Ciro, ofendido, los ajustició y entregó el ídolo y el templo a David para que los derribase (8).

Llegado al fin del relato, habrá quien se pregunte si realmente sucedió. Lo cierto es que la veracidad de la historia podría discutirse, pero no el efecto que la sustenta. En la segunda parte del libro se apreciará su similitud con los característicos efectos de la mano oculta de la magia en provecho de los dioses, práctica bastante común durante la Edad Antigua.

> Preguntó el rey: ¿están intactos los sellos? Contestó: intactos, majestad. Al abrir la puerta, el rey miró a la mesa y gritó: ¡qué grande eres, Bel! No hay fraude en ti. Daniel, riéndose sujetó al rey para que no entrase y dijo: mira al suelo y averigua de quien son esas huellas. El rey repuso: estoy viendo huellas de hombres, mujeres y niños. Y, montando en cólera, hizo arrestar a los sacerdotes con sus mujeres y niños. Le enseñaron la puerta secreta por donde entraban a comer lo que había en la mesa.
>
> *Biblia Canónica*, libro de Daniel, cap. 14, 1621

Existe un curioso candidato a pleitear con Daniel por la distinción de ser la primera persona en airear el secreto de una ilusión mágica. Es el historiador Heródoto. En una fecha tan temprana como el siglo V a.C. escribió una valiosa compilación sobre el mundo antiguo en la que supo dejar de lado la historia centrada exclusivamente en épicas de héroes mitológicos para basarse en los acontecimientos y sus motivaciones. Le valió el título de «padre de la Historia», nombramiento quizá excesivo por contener su aportación demasiados pensamientos y extensos diálogos privados de los protagonistas imposibles de contrastar, narraciones dudosas e intromisiones de los dioses en las acciones de los hombres. Y aun así es crucial, pues permite conocer con cierto detenimiento los sucesos y protagonistas de la historia antigua.

La historia de Daniel y los adoradores de Bel fue magistralmente retratada por Philips Galle, célebre grabador del siglo XVI. *Destrucción del templo de Baal.* Harmen Jansz Muller y Maarten van Heemskerck (c. 1565, grabado). Rijksmuseum, Amsterdam.

Los sacerdotes y sus familias entran en el templo por el pasadizo secreto (detalle). Daniel. Maarten van Heemskerck, grabado por Philips y Theodoor Galle, op. cit.

El efecto nombrado por Heródoto se llama la *Mesa del Sol* (7). Tuvo eco en su época y es posible que se basara en alguna historia que circulara acerca de Nubia (la tierra al sur de Egipto, denominada Etiopía en Grecia y Roma). Posee además una curiosa relación con el ardid destapado por Daniel, pues es el mismo efecto, pero a la inversa, es decir, aparecían apetitosas carnes en vez de desaparecer.

Heródoto habla de ella al hacerlo de Cambises II, rey persa heredero del trono de Ciro II. Se le prestará atención en el punto siguiente por ser uno de los actores de la llamada rebelión de los magos. Cambises, después de conquistar Egipto, humillar a la nobleza y someter a suplicio a la momia de un faraón, organizó tres expediciones militares para la conquista del África conocida. A Cartago envió sus fuerzas navales, al Oasis de Siwa parte de sus mejores tropas. Y para el tercer cometido, centrado en el reino de Kush (Nubia), optó por una empresa inicialmente pacífica. Despachó hacia allí una comisión con importantes presentes que ganaran la simpatía del rey. De este modo, sus legados tendrían más capacidad de acción y los espías infiltrados indagarían acerca de la enigmática Mesa del Sol. Se decía que era una extraordinaria pradera donde surgían suculentas carnes de reses, disponibles para quien las quisiera. La milagrosa campiña tenía además el cortés detalle de presentar la pitanza ya cocinada, lista para el consumo.

Es posible que el propósito de documentarse sobre la Mesa del Sol sólo fuese la excusa para un objetivo oculto más ambicioso, el de conocer la capacidad política y militar del reino que en breve los persas se dispondrían a conquistar. Pero aquella maravilla tenía el suficiente gancho como para simular ser ella misma la finalidad de la misión.

Heródoto, como tantas veces ocurre en la magia, rompió el encanto del juego desvelando su secreto. No comentó qué información hallaron los espías, pero ofreció su versión de lo que sucedía. Para él, radicaba en que los residentes de localidades cercanas preparaban las carnes y, durante la noche, las depositaban ocultamente en la mesa de la pradera. Al día siguiente, los vecinos se acercaban y disfrutaban sin saberlo de la secreta generosidad de sus conciudadanos, acompañada además de una puesta en escena lo suficientemente persuasiva como para que el eco del aparente fenómeno aportara popularidad a la Mesa del Sol, con tal éxito, que incluso los reinos fronterizos se convencieron de que allí se daba un prodigio único.

LOS MAGOS DE ORIENTE

Babilonia comenzó el siglo VI a.C. como potencia de Próximo Oriente tras aniquilar al implacable Imperio Asirio, el otro importante reino —al norte de Mesopotamia— con el que había litigado por la supremacía durante siglos. Poco duró su histórica victoria. Ya vimos que unos decenios después, en 539 a.C., se convertía en una demarcación más de la pujante Persia. El emperador de esta nueva potencia, Ciro II el Grande, combinó victorias militares con un trato cabal hacia los conquistados y su estilo tolerante en lo político, religioso y económico. El nuevo imperio se extendió muy pronto, como nunca antes ningún otro, desde las actuales Grecia y Turquía hasta Egipto, Afganistán y Pakistán.

Con la ampliación de las fronteras persas se expandió también una religión con siglos de existencia. Era el mazdeísmo (por Ahura Mazda, su dios) o zoroastrismo, denominación posterior derivada de Zoroastro, nombre en griego dado a su más influyente predicador. El culto, en la práctica monoteísta frente al desorden politeísta que imperaba en Asia, y basado en un dios pacífico, alejado de sacrificios cruentos y creador de todo lo bueno, tuvo enorme eco en el vasto territorio persa. Inicialmente, el zoroastrismo poca relación tuvo con la magia. Y, sin embargo, dejó una perdurable huella en el ilusionismo, pues a un pueblo practicante de esta religión fue a quien se le atribuye el origen de la palabra «mago».

En el territorio del que fue el Reino Medo —en el noroeste de Irán—, para entonces parte del imperio persa, se asentaron durante el transcurso de los siglos distintas tribus. Una de ellas, según citó Heródoto, fue la de los *magoi* (magos). Con el tiempo, los *magoi* habrían adoptado el mazdeísmo, desarrollado en el mismo ámbito geográfico, y se habrían erigido en una importante casta sacerdotal.

La ciencia de los astrólogos y matemáticos babilónicos causaba admiración en todas las civilizaciones de su entorno. Los oriundos de Babilonia, cuando esta pasó a ser provincia de Persia, eran conocidos como caldeos, tribu semita con la que se fundieron y a la que pertenecía la dinastía del principal rey de Babilonia, Nabucodonosor II. A la par que el zoroastrismo se extendía por el imperio persa, la astronomía y astrología caldea, aventajadas disciplinas sin rival académico en el mundo antiguo, calaron en el rutilante imperio y en los *magoi*. Sus sacerdotes, a la vez que ejercían una gran influencia en las dinastías persas gobernantes, amalgamaron adivinación, interpretación de los sueños, astrología y mazdeísmo. Los griegos, atraídos por aquellos saberes, consideraron el zoroastrismo la religión de los magos y a Zoroastro el fundador de la magia. Magos pasaron a ser, genéricamente, los adivinos caldeos y sacerdotes persas que ejercían las ciencias sobrenaturales; y magia el ejercicio y la práctica en sí.

Pronto las dos expresiones, mago y magia, se ampliaron y fueron aplicadas a prácticas análogas no necesariamente ejecutadas por los sacerdotes persas. En el siglo IV a.C., el papiro griego Derveni, el manuscrito europeo más antiguo conservado, utiliza ya la locución *mago* para denominar a los oficiantes de los ritos mistéricos que expone. Estos magos realizan cultos griegos, señal de que, para entonces, el vocablo estaba ampliado a celebrantes de otros rituales esotéricos.

En suma, ambos conceptos se extendieron con facilidad, gozaron de prestigio y en pocos siglos fueron universales. Y, si bien durante la edad antigua sólo se circunscribieron a prácticas de adivinación y de magia, el paso del tiempo acabaría por hacerlos inherentes a cualquier experiencia de encantamiento, incluidas las que proporciona nuestro arte. Tanto que, salvo los propios ilusionistas —a veces tampoco—, son pocos los que distinguen entre el término genérico de magia y el específico de ilusionismo.

Debido precisamente a esta confusión, en algunos artículos de ilusionismo se dice que, durante el imperio persa, el poder de los magos llegó a ser tan significativo que hubo que reprimirlo. Aparte de que aquellos magos no tenían que ver con el ilusionismo, lo que ocurrió, si realmente sucedió, no fue exactamente así. Aunque es interesante conocer la historia, que tuvo además su origen aparente en la utilización de un doble, un recurso empleado por ilusionistas de todas las épocas. Y con una maravillosa curiosidad: fue el doble, y no el original, el protagonista del episodio. Se trató de un suceso casi novelesco, descrito profusamente por Heródoto. El personaje copiado fue Esmerdis —Bardiya para los persas—, hijo de Ciro II.

El heredero del trono había sido el hermano mayor de Esmerdis, Cambises II, quien estaba centrado en consumar la conquista de Egipto. Lograrlo le exigía dirigir personalmente la gesta y abandonar Persia con el grueso de sus tropas y recursos. No muy querido por el pueblo, la escasa popularidad de la que gozaba Cambises presagiaba tentativas para aprovechar su ausencia y despojarle del reino, así que optó por eliminar el peligro antes de que naciese. Una vez en Egipto, ordenó asesinar a su hermano Esmerdis con discreción y sin que trascendiera. De ese modo, con la retaguardia cubierta, podría dedicarse a conquistar el único estado libre que aún quedaba en el próximo Oriente. El plan se materializó sin demasiados escrúpulos. En tanto, Cambises se internó en Egipto, derrotó al legítimo que allí había y se hizo proclamar faraón.

Existen pocas referencias acerca de la verdadera personalidad del nuevo soberano, pero son suficientemente notables como para dar juego a la historia. Ejemplo es este libro, en el que Cambises II es citado hasta en cuatro ocasiones, —tres de ellas en narraciones de ilusionismo— siempre como el «malo» de curiosas aventuras.

Volvamos a la historia. Ausente Cambises de Persia, sucedió lo impensable: un mago, Gaumata, enterado del asesinato de Esmerdis, decidió hacerse pasar por él, y su gran parecido lo aupó como monarca. Así, con un procedimiento tan fácil como directo, el mago se convirtió en rey del imperio más grande conocido hasta entonces. Si realmente fue cierto, consumó sin duda el fraude ilusionista más exitoso de todos los tiempos. Cambises resolvió abandonar Egipto para recuperar el trono. Demasiado tarde. Las opciones se habían diluido y nadie quería su regreso; para los persas, Esmerdis ya era su rey. Sin opciones, pero digno hasta el final, Cambises se suicidó.

El mago Gaumata gobernó Persia, pero no por mucho tiempo. El emperador, antes de morir, habría decidido revelar los pormenores del crimen cometido contra su hermano y, a la par, dejar en evidencia al usurpador. Heródoto añade que la revelación también partió del harén, cuando una de las esposas de Cambises indagó y descubrió la verdad. Destapada la intriga, un noble de nombre Darío —luego Darío I el Grande— marchó con firmeza contra él en compañía de otros señores persas y lo eliminó en cuanto tuvo oportunidad.

Para Heródoto, Cambises II fue un emperador cruel que llegó a volverse loco. El monarca tiene, sin embargo, un pequeño lugar en la historia del Ilusionismo, en la que aparece como una especie de antihéroe: al margen del envío de tropas al Oráculo de Siwa, dirigió espías al reino de Kush para informarse acerca de la Mesa del Sol, fue víctima de la usurpación del mago Gaumata que él mismo propició y será uno de los acusados de la grave agresión a la estatua de Memnón, garante de una de las páginas más clásicas de la magia en Egipto. *The illustrated history of the world for the English people. From the earliest period to the present time* (c.1881), Ward, Lock & Co., New York.

Algunos historiadores son escépticos respecto a la verosimilitud de los hechos, puede que inventados por el entorno de Darío I, principal beneficiario de la caída de Esmerdis y necesitado de legitimar su acceso al trono. Efectivamente, además de ser chocante que Cambises matara a su hermano sin que un fratricidio así apenas trascendiera, existen en la historia varios puntos difíciles de explicar: que se enterara de la muerte un extraño, que este tuviera un extraordinario parecido con el fallecido y, finalmente, que pudiera arrogarse con facilidad las funciones de un rey sin que nadie lo notara. Todo esto lo endereza Heródoto —sólo medio siglo posterior a los hechos— afirmando que fue Cambises quien, tras el fratricidio, reclutó a dos hermanos magos para gobernar el palacio mientras él no estuviera, uno de ellos con un casual parecido a Esmerdis. Una vez en el puesto, urdieron el golpe de Estado y aseguraron su éxito evitando salir de la ciudad o eludiendo la visita de posibles conocidos del auténtico Esmerdis.

Ctesias, otro historiador del siglo V a.C., confirma también la versión del mago usurpador, pero indica que Cambises eligió a propósito un enviado de gran parecido con su hermano para que lo asesinase en secreto y adoptara su personalidad. Este impostor, el mago, aprovechó la feliz circunstancia y se quedó con el trono.

Una tercera referencia para avalar la intriga es la descripción del suceso que se halla esculpida en el impresionante risco vertical conocido como la inscripción de Behistún, en Irán. Pero no es imparcial, ya que fue grabada por orden del propio Darío I, interesado en popularizar la historia del mago usurpador.

Cabe otra posibilidad, más sencilla y con bastante mayor peso. En esta, Esmerdis nunca habría tenido un doble. La calumnia habría sido una extravagante y original mentira auspiciada por Darío para derrocar a Esmerdis, quien habría sucedido a su hermano Cambises legítimamente o tras enfrentarse a él. En todo caso, a pesar del precario fundamento histórico, los ilusionistas han mantenido viva la ensoñación del mago que llegó a ser rey de un imperio.

El desenlace de este relato también es dudoso: Darío I y la muchedumbre, ofuscados con los magos causantes de tan descarado asalto al trono, decidieron menoscabar su influencia. Heródoto habla de una matanza de magos y de su conmemoración, la Magofonia, una gran festividad celebrada todos los años por los persas. Durante ese día los magos, en recuerdo a su deshonrosa actitud, debían permanecer en casa y no ejercer sus artes. Difícilmente pudo perdurar algo así. Es posible que Darío exterminara a quienes supusieran un desafío o crítica a su poder, pero siendo tan numerosos —y por lo general respetados—, una represión permanente contra todos los magos sólo por serlo parece excesiva.

Tampoco se ha constatado en otros textos que la popularidad de los magos decayera. De hecho, posteriormente, durante el dominio heleno, la ciencia de los magos mantuvo su aureola de disciplina exigente en estudios y conocimientos. Quienes la dominaban fueron considerados sabios en Persia y Grecia. Era admitido que Pitágoras y otros grandes filósofos de la antigüedad viajaron hasta Persia para conocer en profundidad la ciencia de los magos. En Roma, Cicerón (s. I a.C.) recordó la dedicación de reyes, clanes y pueblos persas al estudio de las disciplinas de los magos (astronomía, astrología, adivinación...). No obstante, sí es cierto que, relativamente pronto, el término «mago» adquirió un doble significado que ya siempre le acompañó. De un lado, sacerdotes eruditos y estudiosos de los mecanismos que rigen el cosmos y su modo de preverlos; del otro, charlatanes y embaucadores aprovechados en base a sus presumibles poderes adivinatorios o mágicos.

La «versión» del mago farsante fue duramente denunciada desde al menos los siglos V y IV a.C. Hipócrates, el padre de la medicina, los cita textualmente en un texto crítico. Platón carga contra los sacerdotes mendicantes, a los que les reprocha la actitud de ir de puerta en puerta intentando convencer con palabrería y pseudofacultades, aunque apenas utiliza el término «mago», quizá porque todavía no poseyera connotaciones suficientemente negativas. Durante los siglos siguientes continuará ampliándose la magnitud de las críticas: en el siglo II a.C., el pretor Cornelio Hispalo prohibió la actividad de los caldeos por considerarlo una falacia en busca de beneficios a cambio de mentiras, y en el I a.C., Cicerón, el mismo que apuntó la importancia de la disciplina de los magos en la instrucción de los reyes persas, comentó la desorientación de la sociedad ante el sinsentido de los portentos de los magos.

Poco a poco, la imagen del mago iría depreciándose hasta quedar relegada del lado del fraude y la brujería. Fue un proceso lento, porque la identificación primera del mago con el conocimiento, la ciencia y la sabiduría tardó en desaparecer. En el área grecolatina disfrutará además de momentos de auge. El escritor Apuleyo, en el siglo II, a la vez que se defenderá de una peligrosa acusación de brujería, respaldará la solvencia de la ciencia de los magos, sólo al alcance de personas sabiamente ilustradas.

Ejemplo universal de binomio mago sabio es el de los magos de Oriente que acudieron a conocer al niño Jesús guiados por una estrella. En la Biblia, la mención únicamente aparece en el evangelio de Mateo y en apenas unos párrafos. Los mínimos para explicar la visita y exponer la pretensión del rey Herodes de engañarles como modo de localizar y asesinar al recién nacido. Ni siquiera se especifica el número de los que le visitaron, aunque la tradición los concreta en tres porque tres fueron los presentes (oro, incienso y mirra); tampoco dice que llegaran con ejércitos o cargados de riqueza y poder, sino tan solo con el deseo de rendirle homenaje. Este aspecto es determinante, porque constata la autoridad moral y sabiduría de los magos en la antigüedad.

En Oriente Próximo los magos mantuvieron su influencia durante siglos. Gran parte del área conquistada por Alejandro Magno en Asia pasó progresivamente a manos de un antagonista al que el imperio romano nunca sometió. Con él estuvo enfrentado durante un período mayor que con Cartago, su gran rival por la supremacía en el Mediterráneo. Ese enemigo fue el parto (y su sucesor, el sasánida). Partia, habilitada como heredera cultural de las dinastías persas tras el intervalo griego, revitalizó el zoroastrismo y el protagonismo de los magos. Allí su poder se acrecentaría hasta la desintegración del imperio sasánida, acaecida en 651 d.C. al ser sacudido por el pujante califato de los Omeya, el mismo que, sólo unas décadas después, ocuparía la Península Ibérica.

La aportación de Persia y los magos caldeos al ilusionismo parece indeleble. Han dejado el nombre que nos define, atractivas historias y la corroboración de que ellos ya practicaban este arte. Un asombroso acontecimiento mantiene además activa su magia miles de años después. La noche de cada 5 de enero, gracias al mejor efecto nunca imaginado, millones de niños de la lejana Hispania duermen ilusionados con los regalos que les traerán los misteriosos magos de Oriente.

SEGUNDA PARTE

LA MANO OCULTA DE LOS DIOSES

4.
ORÁCULO, LA MANIFESTACIÓN DE LOS DIOSES

En épocas en las que se convivía con leyendas mitológicas y cosmovisiones mágicas, existía la sincera convicción de que los dioses actuaban con hechos perceptibles y físicamente tangibles. En consecuencia, la solidez de las creencias religiosas, o el poder de un determinado dios, se mostraron a menudo con portentos que no dejaran duda de su hechura divina.

Para favorecerlos encubiertamente surgió la mano oculta de la magia al servicio de los dioses. Un estilo de ejercer el ilusionismo del cual, desde hace algo más de mil quinientos años, ya apenas quedan prácticas, pero que fue característico de una singular ola de efectos mágicos. No existía el mago, pero sí el efecto ilusionista. La figura del ejecutante, la mano oculta de la magia, se escondía para atribuir el suceso a las divinidades, que quedaban como las únicas responsables de la maravilla.

Las presuntas acciones divinas abundaron en templos y oráculos. La religiosidad giraba en torno a ellos y fue en ambos donde se dieron los principales ejemplos de acciones ilusionistas al servicio fraudulento de los dioses. Sus análisis se afrontan por separado por simple metodología, pero oráculos y templos estuvieron frecuentemente unidos.

En el mundo antiguo, la comunicación más popular entre dioses y devotos fue el oráculo, esto es, la respuesta tangible de un determinado dios a cuestiones planteadas por los fieles. Resolvían problemas, dudas cotidianas, litigios administrativos, pleitos legales y asuntos de Estado.

Los egipcios aprovechaban las oportunidades de consulta que les otorgaba pasear al oráculo con motivo de alguna fiesta o celebración. La respuesta podía llegar de muy diversas maneras. Durante la procesión anual del dios Apis, por ejemplo, un toro sagrado formalizaba el dictamen. Caminaba acompañado de un gentío que le cantaba y alababa. Al finalizar su itinerario podía optar entre acceder a dos templos, cada uno con una entrada diferente. Si escogía una de las puertas, la sentencia del oráculo era bonanza; si elegía la otra, preludiaba adversidad. Igualmente, si el toro ingería alimento ofrecido por alguna persona, le aventuraba dicha. Desgracia si no lo hacía.

Otro método, más preciso que jugársela a cara o cruz con un toro, consistió en plantear la cuestión directamente a un dios durante la procesión de su efigie. El consultante, o un sacerdote en su nombre, preguntaba al oráculo y este respondía de algún modo explícito. Los registros testimonian en ocasiones movimientos independientes de la cabeza, inclinaciones y otras acciones aparentemente extraordinarias procedentes de la imagen.

Es fácil suponer que detrás de estas manifestaciones maravillosas estuviera la ayuda de los sacerdotes a los dioses con trucajes y manejos.

Se ha de tener en cuenta que, en Egipto, el sacerdocio fue una profesión más, transferida de padres a hijos y no necesariamente fruto de una vocación religiosa. La clase sacerdotal se convirtió con el tiempo en una enmarañada casta dividida en jerarquías y pródiga en funciones que podían abarcar ritos religiosos, labores administrativas, delimitación de fincas, custodia de templos... Sostener aquel complejo funcionariado sacerdotal requería recursos económicos y los oráculos fueron una excelente fuente de beneficios.

Algunas de las consultas y, lo que es más significativo, las reacciones trucadas de los oráculos, han perdurado en los papiros. Son interesantes porque no parecen exagerar al contar qué percibían los asistentes. Refieren tan solo movimientos de respuesta simples y directos por parte de la estatua. Como mucho, unas frases dirigidas al consultante. Es decir, probablemente, el cronista estaba contando lo que sucedía, lo presenciado por quienes estaban allí.

Entre las descritas, una de las modalidades más reiteradas por los dioses durante siglos residió en conferir albedrío a la imagen paseada. La estatua «obligaba» a los porteadores a pararse o a dirigirse en la dirección deseada por ella. Le sucedió a Tutmosis III, en torno a una fecha tan temprana como el siglo XV a.C. Una inscripción que él mismo ordenó esculpir atestigua como, cuando aún era un niño, Amón ya le había elegido. El dios, en procesión por el templo de Karnak, forzó a unos desconcertados sacerdotes a buscar la presencia del pequeño hasta toparse con su persona. Entonces Amón detuvo la comitiva frente a él. El futuro faraón se postró ante la estatua comprendiendo que le había presagiado de este modo su acceso al trono (2).

En apariencia, el acontecimiento experimentado por Tutmosis III parece factible de simular. Bastaría con algún dispositivo o método que permitiera a los sacerdotes sincronizar los cambios de dirección. Pero, o no fue sencillo descubrirlo, o estuvo bien disimulado y teatralizado, pues la puesta en escena se repitió en diferentes épocas y lugares. Sucesos similares fueron recogidos por parte de quienes los presenciaron durante un período de milenio y medio. Casi al comienzo de nuestra era, el historiador Diodoro Sículo citó una procesión con un dios igual de antojadizo. Sobre una nave de oro llevada en volandas por ochenta sacerdotes, indicaba con movimientos de cabeza la dirección del recorrido (2).

Y en una fecha tan tardía como finales del siglo IV o comienzos del V d, C., el romano Macrobio mencionó las milagrosas procesiones de la Heliópolis Siria y de Anzio (Italia), cuyos porteadores no controlaban el movimiento de la estatua, sino que era ella misma quien lo hacía (2). Fue, pues, una ilusión que, tanto por la insólita perdurabilidad de milenios, como por su internacionalización a otros territorios, hace suponer unas trampas en absoluto banales.

> [...] La imagen del dios está cubierta de esmeraldas y otras piedras preciosas, y hace el oráculo de una manera totalmente peculiar. Sobre un barco de oro es llevada por ochenta sacerdotes; y estos, portando al dios sobre sus hombros, lo llevan automáticamente por donde les marca el camino un movimiento de cabeza del dios.
>
> Diodoro Sículo, *Biblioteca histórica*, libro XVII, 50.6

Los papiros egipcios revelan además que la misma técnica, el manejo secreto de un artificio que diera movimiento a la estatua, estuvo aprovechada para la ejecución de efectos diferentes. Los oráculos incluso administraron justicia en pleitos planteados por los fieles. El esquema de intervención divina era muy directo, semejante al que experimentó hacia el siglo XII a.C. Amunemuia, diligente trabajador víctima de un hurto.

Durante su jornada de vigilancia, alguien robó cinco blusas del noble para quien trabajaba. Preocupado por las responsabilidades que le pudieran reclamar, solicitó ayuda a Amón, en probable procesión por las calles de Tebas con motivo de su festividad. La estatua, alzada sobre una barcaza portada por dos hileras de sacerdotes, atendió al suplicante. Según explica el papiro, al escuchar la petición de ayuda, consintió auxiliarle con un movimiento de cabeza. Aliviado, Amunemuia tomó un listado con el padrón de los habitantes del distrito, lo leyó ante el dios y, al nombrar a Pethauemdiamun, un labrador del lugar, el oráculo movió de nuevo la cabeza y dijo con claridad: «Este es el ladrón». Pethauemdiamun, retorcido como su nombre, en vez de confesar, apeló a otro oráculo, y luego a un tercero, con el mismo resultado. Era posible porque en la fiesta solían transportarse en procesión las diferentes estatuas de Amón, el resto del año custodiadas en los templos. Al final, el labriego hubo de reconocer su delito y recibir un castigo ejemplar: cien azotes y la obligación de, o bien devolver lo robado o, de lo contrario, ser devorado por los cocodrilos (2).

ORÁCULOS GRIEGOS

Egipto disfrutó de un gran prestigio ante Grecia. Numerosos filósofos, pensadores y escritores viajaron hasta allí para instruirse. Heródoto dejó ya constancia, cuatro siglos largos antes de nuestra era, de su admiración por el país de los faraones, sus construcciones, riqueza, cultura e historia. Consideraba que la civilización griega había sido influenciada desde sus orígenes por la egipcia. No sólo él opinaba así. Fue una apreciación extendida hasta que, a finales del siglo XVIII, la concepción eurocentrista de la historia quiso librar a Grecia de injerencias externas.

Como consecuencia del ascendente cultural, los griegos adoptaron y helenizaron los principales dioses egipcios y parte de sus cultos y oráculos. Lo ejemplifica la peligrosa aventura emprendida por Alejandro Magno para encontrarse con el oráculo de Amón en Siwa, tras su tranquila invasión de Egipto, en 332 a.C.

El santuario se encontraba en el desierto de Libia, a varias jornadas de marcha agónica hacia el oeste de Egipto, sin apenas referencias y con riesgo de perderse irremediablemente. Años atrás, el ejército de cincuenta mil hombres enviado por Cambises II para tomar el oráculo y esclavizar a sus habitantes había literalmente desaparecido. Se admitió como causa una tormenta de arena que los habría sepultado con armas, caballos y suministros. Jamás fue recuperado y, si ese fue el motivo y no una derrota hábilmente manipulada para no ser reconocida, allí sigue, convertido en uno de los más sensacionales retos arqueológicos.

A Alejandro poco le importó aquella contingencia. Tampoco le incumbió que una marcha hacia el oeste permitiera a su formidable enemigo persa del este rehacer tropas para armarse y volverle a hacer frente. El hijo de Filipo se introdujo en el recinto y jamás reveló las palabras recibidas del oráculo. Las tropas macedonias estimaron que fue allí donde el dios Amón Zeus le vaticinó el dominio del mundo y confirmó su carácter divino.

La arriesgada visita al oráculo muestra hasta qué punto fueron fundamentales este tipo de consultas en el mundo antiguo. Filósofos, geógrafos e historiadores helenos los citaron permanentemente y, en el caso de las *polis* griegas, estuvieron íntimamente ligados a su evolución histórica.

Consulta al oráculo de Delfos (motivo de crátera).
Egeo, c. 430 a. C. Altes Museum (©Zde).

Recurrir a la trampa era delicado, pero también lo era equivocarse. No estar a la altura de lo esperado podía suponer el descrédito y, en algunas épocas, correctivos mucho peores. Heródoto detalló cómo, entre los escitas, se ajusticiaba a los adivinos que fracasaban o eran considerados falsos. Se les amordazaba y ataba de pies y manos, envolviéndolos luego en haces de leña; dispuestos de este modo, eran subidos a un carro enganchado a bueyes al que se le prendía fuego, y morían abrasados a la carrera de los aterrorizados animales.

Obviamente, los fraudes no fueron el recurso más habitual. La firme creencia en los oráculos hacía innecesario recurrir a trampas, salvo que se pretendiera subrayar dos aspectos siempre pretendidos: la presencia del dios y, de haber consulta, la plausibilidad de la respuesta. En la primera se acentuaban las emociones y sensaciones, en la segunda la facultad adivinatoria.

A veces difícilmente una farsa hubiese mejorado la puesta en escena con la que la propia marcha del oráculo convencía al sujeto. El solicitante podía acabar sumergido en un viaje paranoico a los límites de la mente. En este caso, después de sufrirlo, pocos negaban haber transitado por el angustioso mundo de los dioses.

Dos de las más escalofriantes prácticas se dieron, una en el oráculo de Trofonio, y otra en el de Éfira. Ambas son explicadas a continuación, pues tuvieron en común, no sólo el morboso mérito de llevar al consultante a situaciones extremas, sino la firme sospecha de haber resuelto parte de su cometido con efectos ilusionistas.

En el primero de los oráculos, la consulta se hacía a Trofonio, personaje mitológico de triste historia. Durante algún tiempo había sustraído, en tandas y a escondidas, riquezas del tesoro real. Colocadas trampas para atrapar y conocer la identidad de ladrón, su hermano y cómplice quedó aprisionado en una de ellas. Temeroso de que este le delatase al ser torturado, Trofonio optó por ser pragmático y lo decapitó. Luego huyó y se ocultó, o se lo tragó la tierra, en Beocia (Grecia). Los griegos profesaban un temeroso respeto a su figura y potestad como oráculo.

Quien deseara consultar a Trofonio primero debía someterse a varios días de permanente purificación que afectaban enormemente a su capacidad de sugestión. Comprendía baños fríos, ritos, alimentación específica, inmolación de animales, examen de las entrañas para ir evaluando la disposición del dios y ofrendas a divinidades relacionadas con Trofonio. Si, tras el período de inmersión, los sacerdotes le estimaban preparado e interpretaban propicia la consulta, era convocado al oráculo, al que visitaba durante la noche.

Con el sol oculto, el solicitante, ungido en aceite, caminaba guiado por sacerdotes hasta las fuentes de un río. En otro importante ejercicio de sugestión, había de beber agua de una de sus fuentes, facultada con el poder de hacerle olvidar por completo su pasado. Luego bebía de otra, convencido esta vez de que el efecto sería aumentar la atención y recordar todo lo que viese y viviese en el interior de la gruta. Amedrantado por la importancia de estar extremadamente alerta a cualquier penumbra y signo que apreciara durante las largas horas que le reservaba la noche, era amortajado con túnicas blancas y conducido a una oquedad en el suelo.

Se introducía él solo, a través de una angosta entrada practicada en aquel agujero claustrofóbico. Dentro, totalmente a oscuras, tumbado hacia arriba y con los pies por delante, reptaba para encajar las piernas en otra cavidad. Había de insertarlas hasta la altura de las rodillas. Entonces sentía que algo, con potencia y velocidad, tiraba de él y lo deslizaba hacia el interior. ¿Sugestión o víctima de un truco o mecanismo accionado por un sacerdote?

Para entonces el sujeto estaba tan sobrecogido que se hace imposible delimitar la procedencia de aquella acción. Pero Pausanias, el escritor que la experimentó personalmente y detalló el proceso, da a entender que fue una vivencia común a los consultantes. Si es así —y Pausanias procuraba ser riguroso en sus apreciaciones— resultaría bastante probable la existencia de algún tipo de artificio tramposo para ejecutar el movimiento. Esto daría sentido además a la necesidad de colocar las piernas dentro de una cavidad.

Allá dónde llegara, el individuo percibía visiones de futuro, escuchaba frases y quedaba impactado por lo que presenciaba, quizá debido a los efectos de alguna droga. Cuando el infeliz regresaba, lo hacía en tal estado que, después de escribir en unas tablillas lo observado para ser interpretado, era entregado a algún familiar hasta recuperarse psicológicamente. A veces ni eso. El historiador griego Plutarco comentó el caso de una persona que no se repuso tras permanecer en la gruta desde el principio de una noche hasta el final de la siguiente. Murió a los tres meses.

La manipulación de las emociones fue casi terrorífica en el oráculo de Trofonio, todavía activo en el siglo II. Pausanias lo consultó y relativizó sus efectos argumentando que «sólo» en una ocasión había muerto una persona en el interior de la gruta. Uno de los momentos más impresionantes, cuando el sujeto, totalmente a oscuras y tumbado, siente que es arrastrado hacia el interior de la cueva, pudo deberse a algún trucaje accionado por los sacerdotes. Así también los contempla el grabado de la imagen, con el proceso completo de consulta al oráculo. Maarten van Heemskerck, grabado por Philips y Theodoor Galle, op. cit.

La palabra nigromancia procede de *necromanteion*, otro oráculo con sospecha de fraudes ilusionistas y métodos poco moderados. Utilizado por quienes deseaban entrar en contacto con los espíritus de los muertos, su exponente más famoso fue el santuario situado cerca del río Aqueronte, en

Éfira (Grecia). Homero, en el siglo VIII a.C., lo describió para situar allí a Ulises, en un entorno natural que aún hoy mantiene las características detalladas en la *Odisea.* El héroe acudió allí, tras el año de banquetes y placeres junto a Circe, con objeto de consultar al espíritu de un adivino sus posibilidades de regreso a Ítaca.

Para acceder al oráculo de Éfira, los demandantes debían ingresar en una siniestra construcción bajo tierra y, al igual que en el de Trofonio, someterse a penalidades que disminuirían su resistencia mental hasta originarles alucinaciones.

De interés para el ilusionismo es la suposición de que incluían apariciones espectrales. Los sujetos, en su estado trastornado, creían identificarlas con las ánimas de los difuntos. Los comentarios, desde la ficción de Ulises —basada en la real que pudo conocer el autor— hasta la descrita por Pausanias en el siglo I — con el oráculo ya cerrado hacía siglos—, citan experiencias fantasmales relacionadas con la sombra o alma del difunto (5). En el capítulo 6 se evidenciará que existieron mecanismos para reproducir con realismo este tipo de experiencias, probablemente con el apoyo de trances religiosos, sustancias narcóticas, trucajes o a una convincente mezcla de ellas.

Por fortuna, la mayoría de los oráculos no eran tan extremos y basaban su prestigio en la valía de los consejos del dios, expresados por voz de sacerdotes o sacerdotisas. Hacerlo de este modo simplificaba bastante el método y mantenía la divinidad al margen de errores. Era habitual la redacción de respuestas ambiguas, de forma que fuera el peticionario o el sacerdote quien se responsabilizara de la interpretación, nunca el oráculo, que «no afirma ni oculta nada, sólo sugiere».

El ejemplo más popular se debe al rey Creso. Antes de la batalla definitiva que preparaba contra los persas, solicitó consejo al oráculo de Delfos, el principal y más determinante a lo largo de toda la historia de Grecia. «Si cruzas el río Halis, destruirás un gran imperio», contestó la pitia (sacerdotisa de Delfos). Confiado, atravesó el río que separaba ambos territorios y fue a la guerra. La pitonisa atinó. Un imperio fue aniquilado, pero no el de su enemigo, sino el suyo propio, que quedó integrado en Persia.

La prevención frente a corruptelas, trampas y engaños debió ser tan común que fueron asumidas incluso por personajes de reconocida confianza en los oráculos. El mismo Creso, antes de su chasco con la invasión de Persia, puso a prueba la fiabilidad de los más importantes santuarios enviándoles una pregunta de la que sólo él conocía la respuesta. La ciudad de Atenas también se previno contra el fraude sometiendo en ocasiones al oráculo de Delfos a métodos de consulta enrevesados. Buscaban que los sacerdotes no intuyeran las preguntas para no influir en las respuestas. A pesar de todo, difícilmente evitaron sobornos y manipulaciones.

Desde el punto de vista emocional y escénico es interesante examinar los ardides concebidos para aparentar una presencia más concluyente del dios. Podía conseguirse con convincentes interpretaciones, lo cual no significa que fuera fingido. La exaltación es contagiosa cuando es emotiva y sincera, y los sacerdotes y sacerdotisas sentían como real la percepción sobrenatural. De hecho, la adivinación —*mantiké* en griego— se identificaba con locura, en referencia a la exaltación que alcanzaban sacerdotisas y sacerdotes al enunciar sus profecías. Con cierta frecuencia fueron presa de un divino frenesí, bien por propia sugestión o, quizá, acentuado por estados de conciencia alterada tras ingerir sustancias alucinógenas. Diferentes testimonios asienten que las pitias de Delfos estuvieron expuestas a gases procedentes del interior de la tierra. Desde el trípode en el que se sentaban inhalarían los vapores que surgían de las grietas. Lo mismo se decía del oráculo de Dídima y de algún otro.

No obstante, también se fingía. La ventriloquía ha acompañado al ilusionismo durante prácticamente toda la historia, en concreto hasta el último tercio del siglo XX. Incluso ha participado como especialidad de concurso en varios congresos mundiales de ilusionismo. Su secreto ya es bien conocido del público actual y este le otorga hoy un lugar más cercano a las artes cómicas que a las mágicas. Pero en el pasado era una convincente herramienta de ilusión.

Habría sido el método empleado por la médium de Endor citada en la Biblia a la que acudió Saúl, primer rey de Israel. Deseaba conocer el desenlace de una importante batalla que había de acometer, y en la que finalmente sería mortalmente derrotado junto con tres de sus hijos y el grueso de sus hombres.

El suceso habría ocurrido a comienzos del primer milenio antes de Cristo. Fuese real o no, la redacción pertenece a los dos o tres siglos siguientes, manifestación de la antigüedad de la ventriloquía como medio para contactar con los espíritus. Se presumía que estos, despojados ya de atributos físicos, podían alojarse en el vientre de algunos sujetos. A través de las personas poseídas hablarían y se comunicarían con los mortales.

Aristófanes y Platón (s. V a. C) inmortalizaron a Euricles, otro ventrílocuo adivino capaz de hacer oír una voz surgida de su interior. Dan a entender que aquel fenómeno era producido por un espíritu profético alojado en él (9). La presumible inteligencia, dramatismo y elocuencia del tal Euricles debió ser magistral, hasta el punto que las dos grandes figuras literarias, una del pensamiento y otro de la comedia, recordaron su interpretación. Euricles alcanzó fama y las exhibiciones videntes de este tipo fueron conocidas durante algún tiempo como *euricleias*. Fueron llamadas también *python*, por identificarse con la forma de profetizar de las pitonisas, y engastromancia o adivinación por el vientre. Todos apelativos que refuerzan la hipótesis de la ventriloquía adivinatoria como práctica común en el mundo griego.

La ventriloquía no debió ser el único recurso para que espíritus y dioses se hicieran escuchar en directo. En Alejandría, según citaron algunos cronistas, durante la destrucción de los santuarios paganos cuando sus cultos fueron perseguidos, aparecieron cavidades aptas para esconderse en su interior y hablar desde allí. Algunas excavaciones modernas también atisban la existencia de pasadizos que permitieran ocultarse en los altares y simular desde allí la voz de los dioses o sonidos procedentes de ellos.

Puede que en los oráculos principales nada de eso fuera cierto y se obviara la trampa. Con el tremendo prestigio que exhibían, consultados para iniciar guerras o destronar reyes, parece pueril arriesgarse a trampas ilusionistas que les enfrentaran a escándalos desproporcionados en caso de ser desenmascarados. Pero no hay que descartarlo. Delfos, durante su largo milenio de existencia, pasó por diferentes fases, algunas de las cuales no se libraron de acusaciones de fraude. La más humorística es la apostilla de Demóstenes sobre la curiosa supeditación de Delfos a las decisiones de Filipo, rey de Macedonia y padre de Alejandro Magno. Decía burlón que el oráculo «filipizaba».

Ante pronósticos favorables podía ocurrir que el consultante quisiera servirse de fraudes ilusionistas para trasladar al resto su optimismo. Fue el caso del excelente efecto mágico atribuido tanto a Alejandro Magno como al rey Átalo de Pérgamo, cien años posterior. Es probable que después la artimaña se mantuviera en activo, pues la explicación del secreto ha perdurado en tres textos, uno por cada uno de los tres primeros siglos de nuestra era (18).

Alejandro Magno realizó la ilusión tras recibir del oráculo presagios positivos para cierta campaña militar. Decidió entonces repetir la consulta con bastante más público y con otro objetivo, el de convencer al ejército del total apoyo de los dioses. Recurrió esta vez a la hieroscopia (análisis de las entrañas de los animales), en el mundo antiguo una primordial forma de interpretar la voluntad divina.

El número que preparó Alejandro Magno y el que ejecutó Átalo son casi calco el uno del otro, aunque es la narración del segundo, condensada en un libro de estrategia militar del abogado griego Polieno, la que recoge más detalles: Átalo deseaba envalentonar a sus soldados frente a los temibles galos. Con la tropa expectante ante los presagios, los sacerdotes consumaron el sacrificio de un animal, degollado y abierto en canal como ofrenda a las divinidades. Procediendo con el rito de consulta, el rey introdujo su mano vacía en el cuerpo caliente de la víctima. Extrajo el hígado y lo dio a inspeccionar al sacerdote, que exploró con detenimiento las venas y los lóbulos. Al observar uno de ellos, quedó anonadado. En su superficie, claramente escrito y para pasmo de todos, aparecía grabada la frase «Victoria del Rey». Imposible un vaticinio más claro e inapelable del apoyo de los dioses.

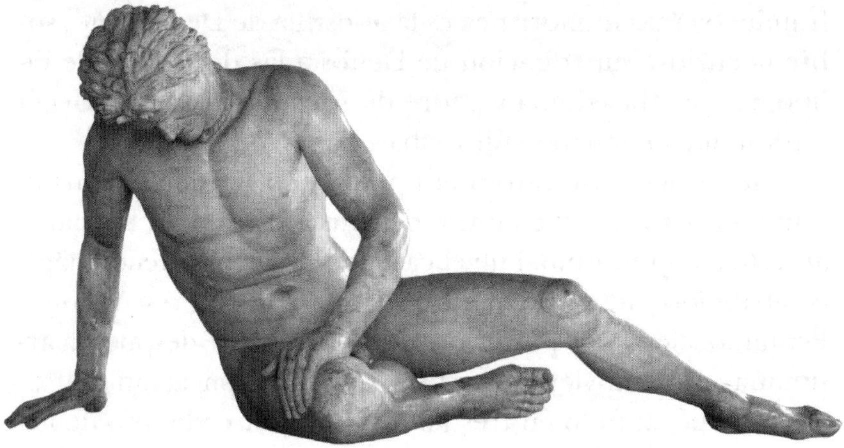

Cuando las tropas de Átalo, admiradas por un efecto de magia, se lanzaron contra el ejército gálata, el ilusionismo obtuvo su logro más trágico: contribuir al enfrentamiento mortal entre dos ejércitos. En la imagen, la escultura en mármol del gálata moribundo, probable réplica de la ordenada tallar por Átalo I en memoria de la guerra contra los galos. Estatua del gálata moribundo (c. s. III a.C., mármol), Museos Capitolinos, Roma (©antmoose).

De no haberse conocido el secreto, el efecto habría figurado como una exageración del cronista pero, por fortuna, existió y está explicado. Y, como sucede a menudo en el ilusionismo, su método es sencillo pero demoledor.

Requirió de un tinte que impregnara bien en la piel del hígado. Polieno sugiere extracto de agallas de roble. En la palma de la mano del rey había de escribirse, de derecha a izquierda, tal y como se vería en un espejo, la frase oracular. Cuando el rey introduce la mano en el cuerpo del animal, presiona con ella alguna zona esponjosa del hígado para que la tinta quede bien estampada. Al pasárselo al sacerdote, este simula analizar los detalles del órgano y, una vez captada la atención, muestra la frase grabada a la multitud.

ALEJANDRO O EL FALSO PROFETA

El engaño ilusionista podía darse en varios momentos de la consulta al oráculo. Sus diversas aplicaciones aparecen desentrañadas en la devastadora biografía de Alejandro de Abonutico, orador iluminado y farsante enriquecido gracias a la creación de un oráculo. Fue redactada por el sirio Luciano de Samósata, uno de los grandes escritores en lengua griega de principios de nuestra era (s. II). Con *Alejandro o el falso profeta*, un relato no muy extenso, aunque contundente, vapuleó la imagen de los presuntos prodigios y profecías surgidos en los oráculos.

Luciano narró las artimañas perpetradas por un tal Alejandro para ganarse el favor —y el dinero— del pueblo. La claridad de las descripciones y el retrato del personaje, un timador lenguaraz entregado al engaño sin escrúpulos de su público, debieron afectar fuertemente los intereses del impostor. Luciano llegó a denunciar un presunto intento de asesinato.

Puede que fuera así, que Alejandro actuara con esa intención para alejar de sí la merecida mala suerte de ser investigado por el escritor. O, quizá también, que Alejandro no hubiese existido y Luciano creara un personaje modelo con el que evidenciar las mentiras de los oráculos. No se sabe. Pero, en cualquier caso, fue una obra valiente del audaz Luciano, con pocos reparos en denunciar mentiras y fullerías.

El texto de Luciano es una crónica completa de cómo hacer creer en imposibles. Revela estrategias concretas para convencer a la multitud de la acción directa del dios, así como teatralizaciones, trucajes, respuestas ambiguas, utilización de compinches y salidas ante posibles errores. Alejandro de Abonutico, sin ningún reparo, construyó un mundo mágico en torno al oráculo con el fin último de aprovecharse de sus semejantes. Y de qué modo: manipuló mentes, estafó, chantajeó, interfirió en decisiones de Estado, abusó sexualmente, influyó en la vida y muerte de sus contemporáneos y se enriqueció a costa de todos.

Es difícil considerar creíble que un farsante con semejante historial hubiese gozado toda su vida de tan elevado nivel de impunidad. Aún más tras sufrir las críticas sin tapujos de Luciano. Sin embargo, las similitudes con el manejo ilusionista son demasiadas como para haber sido concebidas directamente por un no mago, como era el caso de Luciano. Muy probablemente, el escritor tuvo que tener alguna referencia real en la que inspirarse.

El paralelismo entre Alejandro y el ilusionismo se inicia con la misma descripción de su perfil psicológico. Luciano le atribuye características esenciales en cualquier mago de calidad y destaca tres fundamentales: inteligencia, sagacidad y sutileza. Continúa con facultades cultivadas por los ilusionistas más fértiles: *capacidad de observación, capacidad de captación, capacidad de retención y disposición para aprender.* Alejandro cuidó además su presencia y su voz, agradable y nítida, y disfrutó de otras importantes virtudes que suman en un artista. Poseía chispa e inspiración, además de ser atractivo, convincente y culto.

Pero aprovechó su talento para perfeccionar timos y engaños. Tras dedicar la juventud a ellos, comprendió las posibilidades de enriquecimiento que proporcionaban los oráculos y concibió el suyo propio. Decidió recrearlo en su tierra de origen, Abonutico, al sur del Mar Negro, habitada por gente de carácter sencillo y supersticioso, la apropiada para sus propósitos. Estudió la iconografía y mitología de Esculapio, el dios a su juicio más conveniente para la puesta en escena, y buscó una imagen personal acorde al profeta que decidió simular ser: adoptó melena larga y rizada (en realidad una peluca, que hubo de acompañarle ya siempre), túnicas blancas con ribetes púrpura y una hoz al estilo del héroe mitológico Perseo, de quien se decía descendiente.

Así caracterizado, con una trabajada oratoria y trucos de charlatán, obtuvo la admiración de sus vecinos. Masticaba en secreto cierta planta para expulsar espumarajos por la boca con resultados espléndidos para un efecto tan sencillo, al revestirlo, como él sabía, de una teatralidad perturbadora. Y fingía entrar en éxtasis mientras echaba baba poseído como un loco por el dios o se anunciaba como profeta de Esculapio.

La multitud acudía en masa a escuchar los oráculos pronunciados por Alejandro, esmerados, retorcidos y ambiguos. Cuando logró el apoyo incondicional del gentío, dio un paso más: la recreación de un prodigio que extendiera el alcance de su mentira al Asia Menor y a la misma Roma. Para lograr el eco pretendido, Alejandro vaticinó la fecha y lugar concreto del renacimiento de Esculapio, por supuesto, en Abonutico. Su nuevo nombre sería Glycon y tomaría forma de serpiente.

Cuando llegó el día, la muchedumbre esperó reunida. Al amanecer, bailando y trotando, apareció Alejandro casi desnudo, cubierto mínimamente con una cinta de oro. Con esa guisa comenzó su espectáculo mágico. Formuló palabras extrañas, estremecedoras, apenas ininteligibles salvo Esculapio y poco más. Entró una vez más en éxtasis. Poseído, entonó himnos. Entonces, rogando la llegada de buenos augurios, pidió una copa. Con ella a modo de pala comenzó a extraer fango a los pies de una fuente. Practicó un hoyo, introdujo la mano en el barro y extrajo un huevo nacido de la propia tierra. La multitud quedó muda... Alejandro tomó el huevo, lo cascó, y de su interior apareció, ante el asombro de todos, el embrión en forma de serpiente del nuevo Esculapio. El éxtasis era ahora de la plebe. Maravillada, gritaba y se felicitaba por la llegada del dios y de los dones que le acompañarían mientras el Esculapio recién nacido se movía juguetón entre los dedos de Alejandro.

Transcurridos unos días, la serpiente había alcanzado un tamaño considerable. Enrollada en el cuello de su cuidador, no le causaba el menor daño. Acreditaba así ante todos que le reconocía como mediador. El oráculo comenzó a funcionar y el dinero a fluir. Con un precio estipulado para cada consulta, el montaje comercial de Alejandro fue un completo éxito. Habitualmente, el oráculo presentaba sus respuestas por boca del profeta, pero hacía excepciones cuando se trataba de personas acaudaladas o de prestigio. En ese caso, el dios serpiente Glycon procedía directamente, derivándose otro efecto mágico poderoso: la serpiente, en torno al cuerpo de Alejandro, movía visiblemente su cabeza, enorme y monstruosa, después abría la boca, deslizaba su lengua bífida y respondía con voz propia a preguntas que sólo el consultante conocía.

Tal y como sucede con los efectos mágicos si no son presenciados directamente, los prodigios practicados por Alejandro podrían parecer exagerados. Para evitarlo, su severo biógrafo Luciano explicó detalladamente el método seguido en cada uno de los trucos: El huevo para la aparición de la serpiente lo preparó y ocultó la noche anterior. Vació un huevo de oca e introdujo en su interior la cría de serpiente. Luego lo unió, pegó y enterró junto a la fuente. Todo el resto consistió en una excelente presentación, incluido el detalle de mover la cría de serpiente en su mano.

Hacerse acompañar de una formidable serpiente seguro que impresionó a los devotos, pero no supuso una tarea difícil. El réptil pertenecía a una especie inofensiva comprada meses antes en un mercado de Macedonia (Grecia). Alejandro tan solo tuvo que cambiar la cría de serpiente por ella y esperar unos días para justificar el crecimiento del dios.

Que Glycon tuviese un aspecto intimidante llevó algo más de trabajo. Construyó una magnífica cabeza de serpiente articulada, movida secretamente con crines de caballo. El artilugio abría y cerraba la boca y mostraba una lengua bífida con movimiento propio que exhibía colocando la serpiente auténtica sobre sí mismo, parte en el regazo y parte enroscada a su cuello. Toda quedaba al descubierto, excepto la cabeza, oculta bajo el sobaco. En su lugar exponía la cabeza trucada. Para que la simulación fuera correcta, emplazaba a los visitantes a cierta distancia, en una calculada atmósfera de iluminación escasa, misterio y secretismo. Las crines actuaban como una suerte de hilo invisible.

En ese entorno, con luz tenue e indirecta, se apreciaban poco los posibles defectos. Los asistentes disponían además de períodos de visita cortos, de modo que estaban más pendientes de aprovechar al máximo aquella impresionante experiencia que de buscar detalles chocantes. Luciano reconoce que, de no ser extremadamente fríos ante espectáculos de este tipo, era imposible no caer en el engaño.

Sirviéndose de otro amaño, Alejandro consiguió hacer hablar a Glycon. Cuando el momento lo requería, un empleado suyo unía un tubo formado por tráqueas de grullas a la cabeza trucada. Escondido, recitaba entonces el oráculo. El sonido, previsiblemente modulado para sugestionar, quedaría aún más distorsionado después de atravesar el conducto. Y, en aquel contexto, el consultante no creía escuchar voces humanas sino el bronco sonido de un dios.

Con el oráculo en funcionamiento el siguiente objetivo fue aumentar su prestigio y mantener un elevado nivel de ingresos. Cuidó meticulosamente la publicidad de todo lo referente a él y vigiló siempre aparentar verosimilitud y acierto en las respuestas a los peticionarios. En este aspecto, Alejandro se impuso una traba extra: hacer creer que las consultas eran leídas directamente por el dios, sin nadie al tanto de su contenido. El procedimiento era, en apariencia, riguroso. Los consultantes escribían su demanda y la sellaban. A continuación, la entregaban a Alejandro y él mismo transportaba las interpelaciones directamente a las profundidades del santuario. Cuando Esculapio manifestaba su respuesta, Alejandro regresaba, devolvía las preguntas tal y como las había recibido y recitaba el oráculo.

No debía ser esa una forma infrecuente de proceder. De hecho, se conservan algunas curiosas anécdotas al respecto. Una de las más populares ocurrió a comienzos del siglo II en el oráculo de la Heliópolis siria. A él acudió Trajano, primer emperador hispano, antes de intentar la conquista de Partia.

Al igual que Ulises cuando se dispuso a regresar a Ítaca, Trajano quería conocer la probabilidad de retornar a Roma una vez iniciada la campaña. Para evitar ser engañado, confiado en que la interpelación se entregaba sellada con objeto de anular potenciales manipulaciones, sometió antes al oráculo a una pregunta trampa, enviando una simple hoja de papiro en blanco, y esperó respuesta. Cuando está llegó, Trajano quedó asombrosamente convencido de que el dios mismo se había expresado. Recibió como contestación un papiro con lo mismo que había escrito él: nada (45).

Evidentemente, dado que conocida la pregunta es más fácil asegurar la respuesta, para desgracia de Trajano o de los consultantes de Glycon, la réplica no procedió del dios, sino de algún embaucador espabilado. En un claro precedente de ardides clásicos empleados por mentalistas muy posteriores, existieron suficientes técnicas con las que conocer la cuestión demandada sin apenas afectar al lacrado.

Luciano, algo posterior a Trajano, expuso tres métodos, pero además comentó la existencia de otros, mejores que los suyos, desvelados en un libro hoy perdido que el filósofo Celso editó para denunciar las trampas de los magos. Estos tres procedimientos muestran lo desarrollada que estuvo la habilidad de manipular el sellado de documentos, en todas las épocas garantía paradójicamente incuestionable de autenticidad y privacidad.

Dos de los trucajes explican la forma de fabricar moldes casi idénticos al sello original, y el tercero describe cómo abrir una carta sellada con cera: tan solo había de calentarse una aguja y pasarla entre las dos partes unidas. La cera se derretía y podía leerse el contenido del documento. Más tarde, calentando de nuevo la aguja, se retocaban y unían (45).

La siguiente fase del oráculo, con grandes oportunidades para la picardía, fue la composición de las respuestas. Alejandro, como probablemente harían otros santuarios, recurrió a la contratación de redactores profesionales de oráculos. Era lo más práctico, porque las contestaciones debían tener cierta calidad literaria y ser lo suficientemente perspicaces como para contemplar todos los escenarios posibles.

El proceder de Alejandro se apoyó en la manipulación psicológica, otra primordial faceta en común con el arte del ilusionismo. Tanto los oráculos trucados como los efectos ilusionistas pretenden reforzar lo mismo: el recuerdo de un prodigio que en realidad no ha sucedido. Alejandro cuidó un interesante factor de manejo psicológico conocido en el ilusionismo como postefecto. El postefecto pretende inducir en la memoria del espectador una reconstrucción exagerada del número. De un lado, procura hacerle olvidar matices delicados; y, de otro, magnificar el acontecimiento mágico.

El falso profeta de Abonutico fue un maestro en este aspecto. Engañaba a los más fáciles de convencer y les enviaba a contar lo que había presenciado. Centrados en explicar las maravillas, los infelices obviaban el contexto, pulían la patraña y engrandecían el efecto mágico. A otros les enseñaba himnos en honor a Esculapio. En realidad, glosas de sus presuntos portentos y prodigios del oráculo. El devoto, al aprenderlos y recitarlos, reforzaba y publicitaba milagros que no había vivido.

Otro aspecto psicológico enteramente relacionado con el fenómeno mágico fue el estudio de soluciones para trabas que pudiesen crear sus clientes. Casualmente, algunas de ellas no son ajenas a los ilusionistas. En ocasiones, por ejemplo, recibió preguntas imposibles de alterar sin generar sospechas. Algo así como cuando un espectador pone en dificultades a un prestidigitador, añadiendo obstáculos a su número. Parecidas fueron algunas de las soluciones, similares a las evasivas genéricas preparadas por los magos para casos de apuro. Subterfugios que, sin llegar a ser óptimos, permiten al menos pasar a otra cosa con cierta dignidad.

Asimismo buscó salidas ante errores. Aunque en este caso de poco pueden valer las medidas de Alejandro, básicamente por ser reflejo de su falta de miramientos. Uno de ellos llegó tras la desaparición de un joven que partió de viaje con varios esclavos y de los que se separó en algún punto del trayecto. La servidumbre lo buscó sin suerte, regresó a su lugar de origen e informó de la desgracia. La familia, angustiada, recurrió a Alejandro para consultar al oráculo por el joven. Glycon manifestó que los esclavos lo habían matado y se habían inventado la historia para evitar el castigo. Como consecuencia, fueron condenados y devorados por las fieras. Poco después, el individuo apareció. Simplemente se había perdido y no fue capaz de reencontrar el camino de vuelta.

Ante la que se arreciaba, Alejandro utilizó uno de sus más socorridos remedios, que consistía en tildar de enemigos envidiosos o, peor aún, de ateos o cristianos, a aquellos que le pusieran en aprietos. Con tal acusación alentaba y exasperaba a una multitud irreflexiva que acababa por echarles de allí a pedradas. Así sucedió con un valeroso hombre que quiso exigir cuentas a Alejandro por su desorbitado error. Escapó por poco de morir lapidado.

Para finalizar, existe un interesante apunte que permite suponer la existencia de otros oráculos trucados similares al de Alejandro. Luciano especifica que los oráculos que enuncian las respuestas mediante su propia voz se denominan autófonos. Es decir, constata que las consultas oraculares de este tipo formaban un conjunto lo mínimamente amplio como para disponer de un nombre distintivo. Cualquiera de aquellos oráculos, al poseer voz, exigiría alguna superchería tramposa oculta y, por tanto, pertenecerían al ámbito de los trucajes ilusionistas.

Y, efectivamente, debieron existir. El libro *Refutación de todas las herejías* (53), a cuya exposición de trucajes mágicos se dedica el tramo final de esta segunda parte del libro, expone un par de ritos oraculares diferentes, pero con dos rasgos iguales al oráculo de Glycon. El primero es el modo de plantear la pregunta, escribiéndola antes en una hoja e impidiendo su —aparente— lectura por parte del sacerdote (en una vuelta más de tuerca, es arrojada al fuego para que quede calcinada por él); y el segundo, la exposición de la respuesta, también en forma de oráculo autófono.

La dificultad para confirmar la historicidad de Alejandro se debe a que solo aparece en el opúsculo de Luciano. Sin embargo, el estilo y carácter de la biografía permiten comprender que los sucesos pudieron tener base real. Y hallazgos arqueológicos e investigaciones históricas respaldan la existencia del culto a Glycon y algunas de las afirmaciones de Luciano. Estatua romana de Glycon (s. II-III). Museo de Historia Nacional y Arqueología. Constanza (©Cristian Chirita); y monedas con la imagen de Glycon (s. III), Marcianópolis (Bulgaria) (©Otto Nickl).

Refutación de todas las herejías subraya que el tubo desde el que se emitía la voz admitía otras especies de aves (cigüeñas o cisnes), y que también se podía fabricar con tuberías de bronce (aporta incluso el número necesario de ellas). Es decir, muestra variedad en los procedimientos de construcción, una excelente huella de que las cabezas parlantes fueron un efecto mágico no parece que inusual en el mundo antiguo (3).

Una conclusión más: el capítulo que nos ocupa ha comenzado con los oráculos egipcios capaces de emitir juicios orales. Eran pues también autófonos, trucados para simular voces de los dioses. Como aquellos pertenecieron al Egipto Antiguo y los comentados por Luciano al siglo II, el oráculo hablador es uno de los números de magia más longevos de la historia antigua del ilusionismo.

LOS COLOSOS DE MEMNÓN

Veremos un poco más adelante que los efectos maravillosos presenciados por las civilizaciones del Mediterráneo no sólo disfrutaron de un espacio privilegiado, los edificios sagrados, sino que vivieron su época dorada en una ciudad propicia, Alejandría. Sin embargo, el milenario episodio de los Colosos de Memnón, reflejo del apogeo del Egipto faraónico, es el que ha prevalecido por encima del resto como modelo de los trucajes oraculares surgidos en los inicios del ilusionismo.

En realidad, no es tan remoto. Ni siquiera perteneció a la etapa de las dinastías egipcias, ni a las nativas ni a las helénicas, sino al período en el que, sometido el país al dominio romano, la influencia latina ya era patente. Técnicamente, se debería incluir en la célebre Pax romana (27 a.C. - 180 d.C.), dos siglos de prosperidad durante los cuales Roma no tuvo enemigos internos de relevancia y que, en un encaje casi perfecto, coincidió con el mito de los colosos. Más curioso aún es vislumbrar que, a pesar del éxito que tiene entre los amantes del ilusionismo, cabe la posibilidad de que no fuera un juego de magia, sino una rareza natural. Pero es esencial conocerlo porque, con razón o sin ella, está considerada cita obligada cuando se mencionan efectos mágicos de la antigüedad. De ser cierto que estuvo trucada, la ilusión sería el exponente más famoso de oráculo autófono. Ha pasado a la historia gracias a las especiales circunstancias en las que se produjo pero, sobre todo, por la excepcional proeza de ser un efecto mágico mantenido en cartel permanente durante varios siglos.

Tebas, hoy Luxor, condensa Egipto en su historia: capital del reino durante más de mil años, lugar de peregrinación, residencia de faraones y de los sumos sacerdotes de Amón, poblada por medio millón de habitantes y destino turístico de primer orden en la antigüedad. En ella se ubicó la necrópolis del Valle de los Reyes, depositaria de riquezas inconcebibles.

Amenhotep, hijo de Hapu, erigió en torno a 1350 a.C. el templo funerario del faraón Amenhotep III. De dimensiones descomunales, sobrecogía desde el primer impacto visual. Pero no resistió el paso del tiempo y sólo perduraron las dos portentosas estatuas sedentes del faraón, ambas iguales, que presidían la entrada al recinto. Erosionadas por los miles de años, aún permanecen erguidas, quizá como premio de los dioses a la fantasía de la que fueron protagonistas.

Los colosos, construidos hace casi 3.500 años, aún deslumbran por su tamaño. En la fotografía de 1908 se aprecia en ambas estatuas la comparativa con el tamaño de una persona. En la talla más cercana, dos individuos posan junto al pie y, en la más alejada, otro queda empequeñecido respecto a la dimensión del coloso. Fotografía de Robert Smythe Hichens para el libro Egypt and its monuments (1908). Cortesía de la Biblioteca del Congreso, Washington.

En 332 a.C., Alejandro Magno invadió Egipto. Las grandes obras monumentales egipcias permanecían y los griegos, siglos después los romanos, adaptaron a su cosmogonía monumentos, leyendas y dioses. Desconocido para los invasores el faraón a quienes representaban, las dos estatuas acabaron por conocerse como los colosos de Memnón, nombre equivocado, pero sólo en parte. No eran de Memnón, personaje de la mitología griega, pero sí colosales. Verdaderamente colosales. Esculpidas en cuarcita, poseen una altura de dieciocho metros, medida gigantesca para una estatua. Al menos una de ellas, la que protagonizaría la tradición, estaba fracturada. Estrabón, esencial geógrafo griego de principios del siglo I, y el metódico viajero griego Pausanias, en el siglo II, la describen con la mitad superior desprendida y por tierra. Sólo la otra mitad continuaba inmutable sobre su base.

Y, en ese contexto, surgió el milagro mágico. Al amanecer, al ser tocada por los primeros rayos del sol, la estatua quebrada gemía, al parecer no debido a su estado, sino a algún otro tipo de aflicción. No era un simple rumor. Foráneos y espectadores ocasionales juraron como ciertas aquellas lamentaciones, para algunos tonos musicales similares a los de un arpa, para otros más vocales.

La agitada curiosidad de los paseantes identificó la escultura con Memnón, audaz guerrero y príncipe etíope, hijo de Eos, diosa de la Aurora, caído en un enfrentamiento con Aquiles. Desolada, Eos habría implorado ayuda a Júpiter. El dios, compadecido, permitió a Memnón recuperar la vida para ser acariciado cada mañana por los emocionados rayos de su madre. En respuesta, el hijo profería un sollozo, clara y nítidamente escuchado por quien se encontrara junto a las efigies.

En base a los numerosos testimonios que lo refirieron, es difícil negar que el coloso emitiera algún tipo de sonido. A Pausanias le impresionó aún más que otro fenómeno musical similar en Mégara, Grecia. Y, obviamente descartada la autoría de Memnón, el debate surge al intentar determinar la causa real que lo pudo producir. Algún escritor griego de la antigüedad comentó que un terremoto asoló Tebas en el año 27 a.C. y dañó gravemente una de las estatuas, provocando una fisura en su parte superior. Por ella, a modo de canal, se deslizaría el viento matutino emitiendo sonidos. Es la versión más extendida, aunque no haya sido firmemente confirmada, pues son escasos y vagos los registros del terremoto. También podría haberse formado al ser gravemente agredida durante la invasión del rey persa Cambises II, pero esta sucedió cinco siglos antes, a priori demasiado tiempo para que nadie mencionara el fenómeno.

Fuera alguna de estas causas o no, la consecuencia se manifestaba con claridad y el sonido del aire a través de la cuarcita, la sensible historia del atribulado héroe y, quizá, la similitud fonética de uno de los nombres de Amenhotep en egipcio con el de Memnón en griego, consolidaron la historia de los colosos.

Turistas y poetas apuntalaron la versión del canto atormentado de Memnón, convertido pronto en oráculo, con tanta firmeza que el número de quienes acudieron a escucharle no hizo sino aumentar. Las crónicas ya no describían simples lamentos, sino sonidos perfectamente perceptibles y hasta salutaciones y pronósticos. Se hizo común realizar consultas a sus pies para que el oráculo se pronunciara sobre ellos o realizara augurios. En el transcurso de los, como poco, dos siglos que duró aquel acontecimiento, muchos fueron los testigos del prodigio, convertido en un sustancioso atractivo. En la base se han localizado al menos ciento siete inscripciones de trotamundos con ganas de dejar constancia de sus andanzas. Germánico, padre de Calígula, visitó la estatua a principios de nuestra era; y también Adriano, en compañía de su esposa Sabina. El emperador afirmó que el coloso respondió a su presagio emitiendo un sonido similar al de una campana.

El entorno de los colosos se convirtió en un centro turístico único. Acudieron peregrinos y viajeros desde lugares muy lejanos de Roma y Grecia, deseosos de oír los sonidos. Su reputación fue tan desmedida que no son pocos quienes aventuran que los sacerdotes pudieron estar detrás de lo que ocurría. Podrían haberlo potenciado, exagerado o, más aún, creado, por ejemplo, con un mecanismo o lengüetas que desprendieran alguna nota musical al dilatarse por la súbita subida de calor al amanecer.

Memnón, héroe africano y mitológico de Troya, observa cada mañana los rayos de luz procedentes de su madre, la aurora. Por confusión, los griegos otorgaron a este personaje el protagonismo de los colosos de Memnón, cuando en realidad le hubiese pertenecido al faraón Amenhotep III. *De tempel der Zanggodinnen*. Bernard Picard (1734, grabado).

Si fuese cierto, y sólo en este caso o alguno similar, sí se podría hablar de trucaje y, por tanto, de efecto de ilusionismo. Pero son hipótesis posteriores, elaboradas para comprender al tropel de personas cabales que quisieron escuchar a una estatua y que, al parecer, no regresaban decepcionadas. Cabe la posibilidad de que sencillamente se debiera a la fe en los oráculos. Si el visitante escuchaba el sonido, creería que el augurio era afirmativo, y si no, que el héroe mitológico no se habría pronunciado.

Sin embargo, la suposición de una manipulación fraudulenta tuvo sólidos defensores, entre ellos al geógrafo Estrabón. Durante su viaje a Egipto recaló en Tebas. Una mañana, con los primeros rayos de sol, se situó junto a la estatua en compañía de amigos y soldados. Y, efectivamente, percibió el sonido, similar a un golpe. No pudo creer que algo así pudiera deberse a una simple curiosidad natural provocada por la disposición de las piedras; le pareció más lógico cualquier otra causa, ya fuera procedente del pedestal del coloso, de la parte en tierra, o inducida a propósito por alguien ex profeso cercano a ella (42). Con o sin intención, impulsó el debate inacabado sobre el extraño suspiro de Memnón.

Los colosos continuaron ejerciendo su atractivo durante años. Desafortunadamente, todo espectáculo tiene un final. No hay constancia real de cuándo sucedió, tan solo presunciones. Si el sonido fue propiciado por los sacerdotes, quizá el ocaso llegara como consecuencia de la progresiva pérdida de influencia de las religiones paganas. Otra conjetura, bastante más extendida, afirma que el efecto mágico se clausuró en el siglo III, cuando por orden del emperador Septimio Severo, o quizá de Zenobia de Palmira, la reina rebelde, los colosos fueron reparados y la mitad sobre el suelo restituida a su posición inicial. Aquella iniciativa no debió gustar mucho a las estatuas. Jamás volvieron a hablar...

> [...] Y yo, cuando estuve allí presente, en compañía de Elio Galo y su séquito de acompañantes, amigos y soldados, oímos el ruido en la primera hora. Pero no puedo asegurar si ve-

nía de la base o del coloso, o si la hizo a propósito uno de los hombres que se encontraba cerca de la base. Pero, por la incertidumbre de la causa, estoy más inclinado a creer esto antes que el hecho de que el sonido pueda surgir de unas rocas así dispuestas.

ESTRABÓN, Geografía, libro XVII, cap. 1

[La voz celestial] de Memnón y su claro sonido, lleno de vida pese a ser lanzado desde su imagen inmóvil y pétrea, yo mismo con mis propios oídos escuché [...] yo, Caselio hijo de Quinto.

Inscripción grabada en el pie derecho
de la estatua de Memnón

Cuando a la hora primera y a la hora segunda después de la salida del sol, una intensa lúz, esparciéndose desde el océano, empieza a iluminarlo todo, he oído con claridad tres veces la voz de Memnón.

Inscripción en la estatua de Memnón

5.
EFECTOS MÁGICOS DE LOS DIOSES

GIRA MÁGICA POR LOS TEMPLOS PAGANOS. VOLAR

La astuta diatriba de Daniel contra los adoradores de Bel, el éxito del sollozo emitido por Memnón y las evidencias de fraudes en los oráculos preludian la decisiva importancia de elegir el contexto adecuado para recrear los portentos de los dioses. Y exteriorizan el interés por practicarlos en los templos, el lugar a priori más apropiado para encontrarse con ellos.

Desafortunadamente, la intención primordial fue el engaño. Pero con unas ejecuciones tan deslumbrantes que sólo pueden calificarse de extraordinarias. Para que un efecto sea realmente impresionante, no es suficiente con parecer imposible y sostenerse en un buen secreto, también ha de generar una emoción que lo distinga del mero enigma, que lo haga sentir como una vivencia maravillosa. Las ilusiones mágicas en templos y en otros espacios religiosos permitieron conseguir esa sensación. Los templos estaban emplazados en un recinto consagrado a la divinidad, al que se accedía tras someterse a un rito de purificación. Era en este, en un altar frente a él, donde se realizaban los sacrificios y el culto y no en el edificio en sí, reservado para el dios por ser su morada. Debido a eso, no tenían por qué ser necesariamente grandes, pero sí sobrecogedores por dentro.

La apoteosis de Isis, detalle. Sébastien Leclerc (1693, grabado). Rijksmuseum, Amsterdam.

La principal especialidad de esta magia al servicio de los dioses fue la creación de prodigios en templos y santuarios. Es imposible saber desde cuándo los sacerdotes recurrieron a ella para propiciar una atmósfera mágica de estremecimiento. Quizá fuera pronto, en el antiguo Egipto. En sus comentarios sobre este país, el escritor y viajero romano Plinio, describió la honda impresión que causaban los templos: salas y cámaras en penumbra, largos y siniestros pasillos, figuras monstruosas, intimidantes estatuas de reyes y dioses... Una completa gama de detalles de ambientación dirigidos primordialmente a inquietar a quien ingresara en ellos y cultivar el sobrecogimiento ante lo divino, proveedor de mayor pleitesía que la confianza y la gratitud.

El sonido actuaba como excelente aliado de la sugestión generada por aquel entorno. En el mundo antiguo se consideraba un ventajoso arte con el que influir emocionalmente en los demás. Los prolegómenos de las batallas incluían músicas y ruidos estremecedores como imponente herramienta de terror psicológico; incluso los mismos dioses griegos lo esgrimieron ante los mortales con tanto vigor que Sócrates se preguntó si habría alguien que discutiera que los truenos son voces de las divinidades o anuncios de presagios.

En paralelo, los dioses egipcios recurrieron también al sonido para provocar desasosiego. Plinio menciona lugares y cámaras donde se escuchaban ruidos procedentes de las tinieblas (34). Por desgracia, no concreta mucho más. Cabe suponer que serían murmullos, golpes o cualquier otro sonido manipulado secretamente por los sacerdotes en el interior de los templos. En la atmósfera de aprensión y escasa luz que se respiraba creaba la turbadora ilusión de una presencia invisible y atemorizante.

Más allá de los artificios de sugestión, los primeros fenómenos ilusionistas de los que hay noticia en templos no sucedieron en Egipto o en Grecia, sino en Babilonia. En esta ciudad habrían ocurrido dos hazañas mágicas de gran interés histórico. Una, la protagonizada por Daniel, ya explicada. La otra, notable por su originalidad, es afortunada por haberse documentado pocos decenios después de suceder, evitando así la distorsión que ocasiona el paso del tiempo. Quedó inicialmente retratada en *Pérsica*, obra compuesta a principios del siglo IV a. C por el médico griego Ctesias tras su cautiverio y servicio en la corte persa. Siglos después, el escritor romano Claudio Eliano también lo reseñó en su obra. Rememoró el aciago episodio protagonizado por Jerjes, sucesor de Darío I el Grande, cuando entró en Babilonia.

Jerjes quiso conocer el santuario de Bel. Ordenó abrirlo y, al hacerlo, dejó al descubierto un sarcófago de cristal. En su interior, sumergido en aceite, se hallaba un cuerpo. La urna no estaba totalmente llena, le faltaba un palmo para completarse. Junto a ella, una inscripción aventuraba desdichas a quien, entrando allí, no fuera capaz de hacerla rebosar.

Al rey la tarea le debió parecer fácil y ordenó proceder. Los soldados quisieron satisfacer a su soberano y echaron aceite. Y más aceite, y más… pero no pudieron cumplir su deseo. Por más que lo intentaron, el nivel no subía. Jerjes, angustiado y sin aceite, mando sellar de nuevo la tumba (10). Por supuesto, el mal fario se cumplió. Tras aniquilar a Leónidas y a sus espartanos en las Termópilas, el rey persa sería derrotado por Grecia en la histórica batalla de Salamina y, años después, en 465 a.C., moriría asesinado.

Sería extraño que un pasaje así fuese inventado o no estuviese apoyado en algún acontecimiento real, al menos en lo concerniente al efecto. Aparte de que está basado en líquidos, el elemento más conocido y utilizado en los números de magia del mundo antiguo (se desarrollará en el capítulo 7), las condiciones iniciales explicadas en el texto permiten entender que bien podría haber existido. Trucándose secretamente el arca por debajo, de forma que conectase con otro lugar de nivel inferior donde pudiera evacuar el aceite, se impediría su llenado completo. Y un efecto mágico sería responsable del profético disgusto del rey persa.

Varios decenios después de la ilusión sufrida por Jerjes, en el siglo IV a.C., los griegos experimentaron un prodigio mágico de cierta repercusión. En una de las habituales batallas entre griegos, la Tebas helena se enfrentó a Esparta segura de su victoria. No podía ser de otro modo, el apoyo divino a su causa era claro: las puertas de los templos se habían abierto por sí solas y las armas y escudos del Heracleo, el templo de Hércules, desaparecieron (21). Los tebanos juzgaron que el mismo Hércules las había tomado para participar en la contienda junto a ellos. Así lo creyó la mayoría. Aunque algunos, más escépticos, sospecharon de manos humanas y no divinas en aquel incondicional gesto del héroe mitológico.

Avanzando el tiempo, la consolidación del helenismo registró algunas grandes ilusiones bastantes más complejas. De todas, la realizada en el Serapeo, principal templo de Alejandría (Egipto), debió situarse entre las más maravillosas.

La repentina muerte de Alejandro Magno (323 a.C.) había dividido el imperio entre sus generales. Uno de ellos, su amigo Ptolomeo, le sucedió como rey de Egipto y fundó el linaje de faraones helenos que se continuaría hasta la caída de Cleopatra. En una excelente jugada de sincretismo religioso, fue probablemente él quien favoreció la fusión de Zeus, principal dios griego, con las divinidades egipcias Osiris y Apis. El culto de aquel dios, de nombre Serapis, se extendió por el Mediterráneo y contribuyó a la reciprocidad cultural de egipcios y griegos. Para venerarlo, en Alejandría se edificó un templo, el Serapeo. Modesto en su origen, diferentes faraones y emperadores lo ampliaron, enriquecieron y convirtieron en grandioso.

El Serapeo fue testigo, durante los primeros siglos de nuestra era, de un sonado prodigio que dejó perplejos a propios y extraños. Ocurría en el interior del templo. Allí, a media luz, se alzaba la colosal estatua de Serapis, tan enorme que cada una de sus manos se posaba en las paredes enfrentadas del templo. Determinado día del año, al amanecer, los rayos solares atravesaban una ventanita lateral, iluminaban su cara y acariciaban sus labios, como si el mismo Sol quisiera saludarle con un beso. En ese instante, un carro de hierro tirado por caballos aparecía y comenzaba a flotar en el aire. Nada lo empujaba ni tampoco lo sostenía. Era la cuadriga la que levitaba por sí sola, firme, sostenida en el aire por la prodigiosa acción de los dioses (43).

Busto de Serapis en mármol, dios al que se atribuyó el formidable vuelo de una cuádriga de caballos. Museo Pío-Clementino (©Jastrow).

No constan referencias para siquiera suponer cómo se pudo lograr. Algunos autores cristianos que denunciaban engaños en los templos supusieron la acción de ingenios magnéticos en la parte superior pero, camuflado por las sombras y la falta de luz, y probablemente ayudado por algún tipo de recreación musical que favoreciera el ambiente de misterio y encubriera posibles roces y sonidos, el mecanismo jamás fue descubierto.

La levitación del Serapeo tuvo un antecedente en un efecto previo realizado —o al menos acometido— por el segundo faraón de la dinastía ptolemaica. Ptolomeo II (s. III a.C.) intentó aplicar el efecto en el templo dedicado a Arsinoe, su amada hermana y a la vez esposa. Plinio comentó que no pudo cumplimentarse porque el faraón y su arquitecto murieron sin conseguir el propósito. Una crónica posterior sí la da como cierta, afirmando que se logró mediante magnetita colocada en la bóveda del techo. Esta atraería a la estatua, esculpida como si flotara en el aire (22). La explicación, conjeturada por un no entendido demasiado confiado al control del magnetismo y quizá lejos de la real, fue la que comúnmente se esgrimió durante siglos. Pero nunca se ha podido confirmar.

A falta de datos que ratifiquen la acción de imanes detrás de aquellas dos grandes ilusiones, existe otra que sin lugar a dudas si los utilizó. El poeta romano Claudiano, originario de Alejandría, la recoge en una de sus poesías. Se daba en un templo dedicado a los amantes Marte y Venus. Cuando, en determinadas ocasiones, el sacerdote procedía a unirlos en un rito sagrado, entre coros y música, ocurría un suceso asombroso cuyos detalles y efectos detalló a la vez: la estatua de Venus, fabricada enteramente con magnetita, atraía como por encanto a la de Marte, tallada en hierro. Repentinamente, el dios se movía, avanzaba por sí solo hasta llegar a Venus, y la complacida diosa le abrazaba y se estrechaba contra su pecho. Rodeaba la cabeza de su amante con los brazos y Marte quedaba unido y sostenido por ella (56).

> La imagen de Marte resplandece en hierro, una piedra imán representa a Venus [...] entonces se produce un espectáculo prodigioso; Venus atrae espontáneamente a su marido y, remedando su primera unión en el cielo, estrecha el pecho de Marte con su lasciva atracción, mantiene suspendido un peso tan grande, le rodea el casco con sus brazos y lo ciñe entero con estremecedores abrazos. Él, llevado por la prolongada fuerza de la absorción, es arrastrado por lazos misteriosos desde la piedra cónyuge.
>
> CLAUDIANO, *Poemas menores*, 29. 3137

Una tercera levitación, más comedida pero con la ventaja de ser una gran ilusión móvil, es la aparecida en el excepcional documento literario *Sobre la Diosa Siria*, presumiblemente compuesto en el siglo II d.C. y atribuido sin consenso a Luciano de Samósata. Se trata de un texto mayoritariamente destinado a la descripción del recinto sagrado de Hierápolis (Siria) y de las prácticas religiosas que se dieron en torno a él.

Las descripciones de los efectos mágicos que aparecen en la obra son mostradas con actitud crítica y sin exageraciones por el autor quien, cuando juzga haber descubierto la causa, expone abiertamente el secreto. Así, de la maravilla sucedida cada año en un río de Biblos (Líbano), cuyas aguas aparecían teñidas de sangre, señala que ningún dios la originaba, sino la arena rojiza del Líbano depositada allí por los vientos anuales. También duda de que el agua de un diluvio similar al narrado en la Biblia desapareciera gracias a un enorme agujero surgido de la tierra en Hierápolis, que él vio y era minúsculo. Y respecto al culto religioso por el cual varias veces al año un devoto trepa sobre un enorme falo para permanecer en lo alto durante siete días y noches a riesgo de su vida, se toma a broma que un escorpión guiado por los dioses le aguijonee para mantenerle despierto. Más bien lo cree debido al pavor a un descalabro mortal en caso de quedarse dormido.

Esta mentalidad de análisis e ironía hacia lo que observa contrasta significativamente con el asombro que sintió hacia la acción milagrosa del oráculo de Apolo del templo de Hierápolis. Sólo expresa admiración. Ni una sola suposición de superchería hacia lo que debió ser una acción estudiada para no delatar la más mínima acción tramposa. Según reseñó, el oráculo no hablaba por boca de otros, sino con sus propias acciones. Cuando su intención era emitir un augurio, se movía por sí solo en círculos hasta que era izado por los sacerdotes. Una vez sostenidos por ellos, retrocedía si respondía en negativo o avanzaba si afirmaba.

Observarlo era magnífico, pero quedaba otra sorpresa mágica más. La estatua, al ser transportada en procesión, se levantaba en el aire y avanzaba sin ayuda ni apoyo de nadie.

Limpio, teatral y mágico. El escritor no duda de lo que vio y no quiere que el resto lo haga. Para ello recuerda que se hallaba allí, que fue él quien lo contempló (47).

> [...] cuando está dispuesto a pronunciar oráculos, primero se mueve en su trono y los sacerdotes lo levantan al punto; si no lo levantan, él se pone a sudar y todavía se mueve más. Y cuando lo trasladan, colocándose ellos debajo, los lleva por todas partes dando vueltas y saltando de uno a otro. [...] Y él, si no quiere hacer algo, retrocede, pero si lo aprueba, arrastra a sus porteadores hacia adelante, como si llevara las riendas. [...] Hizo otra cosa estando yo presente. Los sacerdotes lo llevaban en alto y él los dejó abajo en tierra y se movía por el aire por su propia cuenta.
>
> *Sobre la diosa Siria*, 3637

Tras comentar el suceso continúa con su perspicaz crítica a los supuestos efectos milagrosos, desluciendo la presunta maravilla de un altar de piedra en aparente flotación sobre un lago sagrado. Adujo que, a buen seguro, debía su divina hazaña a estar fijado firmemente al fondo mediante una columna sumergida. Es decir, sólo el oráculo logró anular su capacidad de análisis. Debió, pues, asistir a un convincente efecto ilusionista.

En definitiva, los tres ejemplos descritos (junto a los recreados con espejos explicados por Herón de Alejandría, desarrollados en la el capítulo 6) destapan un hito del ilusionismo: con una probabilidad ciertamente alta, las levitaciones, uno de los efectos más impresionantes y deseados del arte mágico, fueron una realidad en el mundo antiguo.

PRODIGIOS CON FUEGO

Tan soñada como surcar el aire fue la aspiración milenaria de dominar el fuego, esencial en el día a día y recurso predominante en las ceremonias religiosas de la antigüedad. Ingobernable, temible y purificador, materializaba el encuentro con los dioses, de modo que el hecho de lograr algún tipo de control y achacarlo a manifestaciones divinas podría ser profundamente turbador para quien lo presenciara.

Una remota práctica para mostrar el favor divino, la gracia de los dioses y hasta la inocencia en juicios fue caminar sobre carbones calientes o ascuas y salir indemne. En una de sus obras teatrales, Sófocles (s. V a.C.) cuenta cómo los guardianes que custodiaban el cadáver del traidor Polinices, condenado a que su cuerpo fuera insepulto y devorado por perros y animales carroñeros, se ofrecieron a marchar sobre brasas. Querían así refutar la acusación de connivencia en los ritos funerarios que, furtivamente y contra la voluntad del rey, le realizó su hermana Antígona (11). El secreto se mantuvo con tanto celo que apenas se dudó de su veracidad. Según Plinio, algunas familias de los faliscos (en Etruria, al norte de Roma) eran eximidas generación tras generación de servir en el ejército. Este privilegio se debía a su extraordinaria capacidad para pasear inmunes sobre una hoguera, cualidad que ejercían en ritos y ceremonias (11).

La asombrosa representación estuvo extendida. Casi a la vez que el poeta romano Virgilio citaba también el ejemplo anterior, Estrabón, que igualmente lo mencionó, describía otro igual en la Capadocia (Turquía). Allí, las sacerdotisas del templo de Diana andaban descalzas sobre carbones ardientes sin sentir dolor (11):

> En este lugar se levanta su santuario, en el que se celebran asombrosas ceremonias: así, poseídos por esta diosa, pasan con los pies desnudos sobre una gran superficie de carbones y ascuas ardientes, sin sentir dolor.
>
> ESTRABÓN, *Geografía*, libro V, cap. 2.9

> No lejos de la ciudad de Roma, en el territorio de los faliscos, hay unas pocas familias que se llaman hirpos. Estas, en el sacrificio anual que se ofrece a Apolo al pie del monte Soracte, al caminar sobre un montón de leña encendida, no se queman y, a causa de ello, por un senado consulto perpetuo, están exentas de la milicia y de todas las demás cargas.
>
> PLINIO, *Historia Natural*, libro VII, cap. 2.19

En una espectacular evolución, a finales del siglo II d.C. los oficiantes ya eran capaces de acreditar con mayor osadía su protección divina. Introducían la mano en brea hirviendo para eliminar dudas sobre su integridad o su capacidad sagrada. Pero fueron descubiertos. *Refutación de todas las herejías*, el texto cristiano redactado hacia el siglo III, revela que, para fingir la ilusión, mezclaban brea, azufre y vinagre en un caldero, de forma que al calentarlos levemente, la brea producía burbujas que reventaban creando la sensación de estar a temperatura de ebullición (52).

Hoy los artistas tragallamas no causan tanta admiración. Pero escupir fuego fue durante siglos una potestad sobrecogedora, ciertamente mágica, de manera que expulsar una llamarada real y salir indemne, sin observarse en el ejecutante daño o dolor, es una de las mañas ilusionistas más persistentes en el tiempo. Tan sensacional y dramática resultaba que hubo quien la utilizó para hacer creer que gozaba del favor de los dioses.

El sirio Euno, artífice del primer levantamiento de esclavos contra Roma (s. II a.C.), lo esgrimió para mostrar a los sublevados el beneplácito de la diosa Siria hacia su causa. La crónica explica el supuesto procedimiento y añade que lo realizaba a la vez que hablaba (27). No fue suficiente. Las legiones romanas sufrieron durante algún tiempo el jaque de los insurrectos pero finalmente liquidaron a Euno y a las milicias sublevadas. Con todo, su ejemplo serviría de inspiración para la segunda revuelta de esclavos y, ambas, para la de gladiadores liderada por Espartaco.

> Un sirio de nombre Euno (la magnitud de nuestros desastres nos obliga a recordarlo), que simulaba una posesión fanática mientras ofrecía sus cabellos a la Diosa Siria, exhortó a los esclavos a la libertad y la guerra, como si fuera por designio divino; y para probar que eso ocurría por arte sobrenatural, tras esconder en la boca una nuez que había recubierto de azufre y fuego, inspirando con suavidad, exhalaba fuego al hablar. Este prodigio le proporcionó dos mil hombres de los que encontró en su camino.
>
> FLORO, *Epítome de la Historia de Tito Livio*, libro II, cap. 7, 26

También el que fuera cabecilla de la sedición hebrea contra el emperador Adriano, Simón Bar Kokba (más conocido como Barcoquebas), pudo haber recurrido al efecto de escupir fuego. Encumbrado como el mesías, unió a su pueblo, se enfrentó con solvencia a Roma y mantuvo independiente a la nación judía entre los años 132 y 135, pero su derrota y muerte supusieron la trágica ruina de Jerusalén, la aniquilación de cientos de miles de hebreos y, para el resto, la esclavitud o la Diáspora (la dispersión del pueblo judío). Sus contemporáneos juzgaron con dureza su recuerdo, tanto los judíos, por los apocalípticos castigos infligidos, como los cristianos, debido a la persecución a la que Barcoquebas sometió a sus seguidores. Los cronistas le acusaron de farsante y San Jerónimo de utilizar el truco de tragar fuego para convencer de una presunta designación divina.

Sin embargo, fingir manifestaciones sobrenaturales para infundir respeto o temor fue un recurso habitual. Heródoto narra la estratagema ideada por un adivino para ayudar a su bando en otro de los numerosos conflictos bélicos que hubo entre griegos. Blanqueó totalmente con yeso a los mejores guerreros del ejército, incluidas sus armas, para darles apariencia fantasmal. Cuando cayó la noche, los soldados se internaron en territorio hostil con la orden de matar a todo aquel que no estuviera caracterizado como ellos. Confundidos con espectros y espíritus, primero por los centinelas y luego por el resto de la tropa contraria, el pavor creado les permitió desencadenar una salvaje matanza.

Lo cierto es que ningún ejército estuvo libre de sufrir aquellas imaginativas y osadas herramientas de terror psicológico. En otra batalla saldada con victoria, la burlada fue Roma cuando aún se fortalecía como nación. Esta vez los contrincantes se plantaron delante de ellos con los sacerdotes en primera línea (o quizá soldados ataviados como tales), de manera que, tomando el papel de protagonistas de un insólito espectáculo, los clérigos blandieron antorchas y aparecieron serpientes trenzadas en sus cabelleras. Con esas escalofriantes pintas, se lanzaron como posesos hacia el bando contrario. Las milicias romanas, sobrecogidas por el espanto, huyeron aterrorizadas ante quienes debieron creer apoyados por dioses o espíritus.

La táctica de aterrorizar a los enemigos con el efecto de una cabellera poblada de serpientes reproducía el pavor provocado por las gorgonas, temibles seres mitológico con ellas descolgándose por la cabeza los hombros. El número admitió variantes. Floro, historiador romano, cita el asombroso efecto producido por un soldado de nombre Comidio: *Portaba sobre su yelmo un fuego. Al agitarse con el movimiento de su cuerpo, se iluminaba, de tal suerte que su cabeza parecía arder en llamas.* Cabeza de medusa. Gian Lorenzo Bernini y discípulos (c. 1644, mármol). Musei Capitolini, Roma.

LOS VIAJES DE PAUSANIAS

A comienzos de nuestra era, dos acontecimientos, uno el largo período ya comentado de la Pax romana, y otro, la inédita pertenencia de todo el Mediterráneo a una sola potencia, ni antes ni después repetido, permitieron los viajes por placer o por conocimiento en el entorno del Mare Nostrum. Adinerados, escritores y amantes de la geografía, la aventura o la Historia, visitaron con cierta facilidad y seguridad las tierras dónde se asentaron las civilizaciones egipcia, griega y parte de la persa. Y los santuarios fueron paradas obligatorias que les ofrecían fenómenos asombrosos reflejados para siempre en sus papiros.

Uno de aquellos viajeros fue Pausanias, no muy reconocido en su época. Hoy se hace extraño, pues su actitud se asemejó a la de un buen redactor de manuales de viaje: planificó las visitas, acudió a guías y conocedores para que le ilustraran sobre lo que veía, describió hechos y lugares, distinguió las vivencias experimentadas personalmente de las que no lo son y se posicionó frente a las historias que consideró falsas o exageradas. Su óptica lo descubre como un importante referente en la historia del ilusionismo antiguo, más aún porque, aunque creyó con cierta candidez que la historia griega fue modelada por episodios ocurridos a los dioses, demostró inteligencia en sus razonamientos cuando observó maravillas mágicas.

En su viaje por Lidia, en la actual Turquía, conoció a varios sacerdotes de la religión de los «magos». Ante ellos contempló encandilado un prodigio que le dejó atónito. Sucedió en el altar de uno de los templos visitados, ya de por sí visualmente llamativo, pues las cenizas que lo cubrían no eran grises sino de otro color, un curioso detalle de ambientación o, dado que en el ilusionismo pocos elementos son gratuitos, quizá el modo de disimular sustancias combustibles. El mago tomó madera seca, la apiló en el altar, cantó una invocación en alguna lengua extraña y, sin mediación de nada ni de nadie, sin fuego alrededor, esta prendió por sí misma y ardió con una llama resplandeciente (6).

El milagro experimentado por Pausanias no fue excepcional. Al revés, aparece como uno de los efectos más citados y antiguos. La Biblia lo menciona en varias ocasiones. Una de ellas en el «Libro de los reyes», en vida del rey Ajab de Israel (s. IX a.C.), proclive a los dioses paganos. Durante su reinado, el profeta Elías, dispuesto a que el pueblo de Israel abandonase su indeterminación frente a Yahvé, dios de los judíos, retó a una prueba a los sacerdotes que servían al dios Baal. Ellos prepararían una hoguera y Elías otra. A continuación, un novillo sacrificado a cada dios se colocaría despedazado encima de cada haz de leña. El dios que, en atención a los rezos y súplicas de sus fieles, sin intervención de nadie, prendiera fuego a la hoguera, daría fe de su existencia; el otro demostraría ser solo producto de una farsa.

Dispuesto el sacrificio, los sacerdotes rivales comenzaron las oraciones. «Baal, respóndenos», suplicaron, pero sin respuesta. Invocaron, cantaron y danzaron alrededor del altar, se hicieron cortes en los brazos, entraron en trance... Nada, aquello no ardía. Sólo recibieron la burla de Elías. «Tendrá algún asunto, le habrá ocurrido algo, estará de camino, tal vez esté dormido», comentó socarrón el profeta. Cuando claudicaron, Elías reunió al gentío, colocó una piedra por cada uno de los pueblos de Israel y derramó agua sobre el altar hasta cubrir un surco excavado a su alrededor. Entonces oró a Yahveh, el fuego apareció y devoró la leña ante una multitud boquiabierta. Enfervorizada y no muy moderada, se puso del lado de Elías, dio caza a los sacerdotes de Baal y los degolló (6).

Pausanias citó otro efecto de fuego espontáneo aún más espectacular, acaecido en Pela, la ciudad natal de Alejandro Magno. Allí, cuando Seleuco, uno de sus generales, ofreció sacrificio a Zeus, los leños parecieron aproximarse al altar y encenderse por sí mismos (6). No explicita más, él no lo vivió, pero que una hoguera prendiera y se moviera podía haberse sustentado en algún efecto popular, porque un acontecimiento afín ocurría en el Monte Vulcano, en Sicilia. En aquel lugar, durante los sacrificios, sarmientos ardían espontáneamente y el fuego se acercaba a los celebrantes, que podían llegar a ser rodeados sin sufrir daño (6).

> Conozco, porque la he visto, otra maravilla en Lidia [...] no libre de las artes de los magos. Los lidios tienen santuarios en Hierocesarea y en Hipepa; en cada uno de los santuarios hay un edificio y en cada edificio un altar con ceniza, que no tiene el color de las demás cenizas. Un mago, entrando en la habitación y apilando encima del altar leña seca, primero se pone sobre la cabeza una tiara, y luego canta una invocación a algún dios en lengua bárbara, totalmente incomprensible para los griegos, y canta lo que lee de un libro. Los leños se queman sin necesidad de fuego, y de ellos sale una llama brillante.
>
> PAUSANIAS, Descripción de Grecia, libro V, cap. 27. 56

> No lejos del lago se halla el cerro de Vulcano, donde quienes realizan sacrificios amontonan sarmientos sobre los altares y no le prenden fuego a esta pila de leña. Cuando han echado encima las entrañas de las víctimas, si el dios comparece y acepta la ofrenda, los sarmientos empiezan a arder por sí mismos.
>
> CAYO JULIO SOLINO, *Colección de hechos memorables*, cap. 4.23

> El sacerdote que oficia de presidente divide los montones de ramitas mediante una lanza que ha sido consagrada para cumplir tal función. Y así, una parte de las gavillas se le dedica al sol, la cual, si fue dividida con ecuanimidad, empieza a arder por sí sola.
>
> CAYO JULIO SOLINO, *Colección de hechos memorables*, cap. 30.31

El número de la generación súbita de fuego formó parte asimismo del repertorio de los magos dedicados al entretenimiento. Cratístenes de Fliunte, uno de los primeros artistas específicamente ilusionista de los que hay constancia y varios siglos anterior a nuestra era, asombraba incluyéndolo en sus funciones. No trascendió cómo lo representaba, pero sí que el público quedaba embelesado con la espontánea aparición del fuego (6).

Hubo variantes. El poeta latino Horacio presenció un efecto de combustión a las puertas de un templo en Egnazia (Italia). El material, en esta ocasión incienso, se consumió por sí solo sin necesidad de emplear llama, pero la reacción del escritor fue distinta. Fiel a su espíritu satírico, se guaseó de quienes, en vez de intuir en ellos causas naturales inusuales, imaginaban a los dioses en sus hogares celestiales molestándose en demostraciones baladís (6).

Existió también la versión complementaria: la aparición de humo de la nada sin ningún fuego que lo creara. El efecto, recreado en sepulcros y templos al rendirse tributo a héroes y dioses (51), no ha sido replicado por los magos actuales hasta este mismo siglo XXI.

Pausanias tampoco olvidó otro célebre acontecimiento de la antigüedad con el fuego como protagonista. Estuvo presente en templos de diferentes lugares, entre ellos el de Amón, en Egipto. Pero el que Pausanias comenta ocurría en la acrópolis de Atenas. La llama de la lámpara de oro que alumbraba una de las estatuas de Atenea permanecía siempre inextinguible. El candil, forjado por Calímaco en el siglo V a.C., se llenaba de aceite en una fecha concreta del año, se dejaba día y noche encendido ininterrumpidamente y, para cuando llegaba el mismo día del siguiente año, continuaba iluminando a la diosa (30). El prestigio alcanzado por la lámpara hizo honor a su fama de imperecedera. Aún en el siglo V, Agustín de Hipona, San Agustín, aludiendo esta vez a un templo de Venus, denunciaba su funcionamiento y causa imputándolo probablemente a la sagacidad humana, aunque sin descartar la influencia o acción de algún demonio (30).

Si bien no existen datos del manejo específico de la lámpara inextinguible de Atenea, sí hay constancia en la antigüedad de métodos para realizar el efecto. Herón de Alejandría explicó en Neumática el que se muestra en las páginas siguientes.

Trucaje:

El depósito de aceite del candil de la parte superior (I) es, aparentemente, el único que permite mantener encendida la mecha. El candil se puede retirar o colocar de la base (II).

Cuando se coloca en la base (II), el candil se comunica con un depósito secreto de aceite que hay en ella y que está cerrado herméticamente. Lo hace a través de un tubito que llega casi hasta el fondo del depósito.

En la parte inferior del pie de la columna hay otros dos espacios más. El de arriba (III) se utiliza para contener agua que caerá al de abajo (IV) cuando se abra una llave que los comunica. El agua se introduce por un orificio superior del depósito III, que ha de ser lo suficientemente grande como para que también salga el aire que desplaza el agua al entrar. La llave que comunica los depósitos III y IV, como se verá, es crucial en el secreto, con lo cual deberá estar bien disimulada para ser insospechable desde el exterior.

El último espacio (IV), situado en la parte más inferior, además de estar comunicado con el de arriba por la llave, posee un tubo NM que comunica su parte superior con la parte superior del depósito secreto de II. Y tiene también un grifo secundario, necesario para evacuar el agua cuando esta ya haya cumplido su función.

Preparación:

Supongamos ahora el conjunto totalmente vacío. En primer lugar, se llena con agua el depósito III, tomando antes la precaución de cerrar la llave para que el líquido no caiga al depósito IV.

A continuación, se retira el candil y, a través del tubito del depósito II, se vierte aceite hasta llenar el depósito secreto de II. Será posible porque el aire desplazado irá hasta el depósito más inferior

(IV) a través del tubo MN y saldrá al exterior a través del grifo secundario, que ha de estar abierto. Una vez lleno el depósito II, se cierra este grifo.

Finalmente, se sitúa el candil en lo alto y se enciende la mecha para que alumbre. Procedimiento oculto de llenado:

Cuando se desee rellenar de aceite la lámpara superior, a escondidas, o con la excusa de limpiar la base o de rezar a la diosa, se abre la llave que separa III y IV. El agua del depósito III caerá al IV, desplazando el aire que hay en él hasta el depósito II (a través del tubo MN). El aire entra en depósito II por la parte superior, forzando al aceite a subir por el tubito y rellenando el candil.

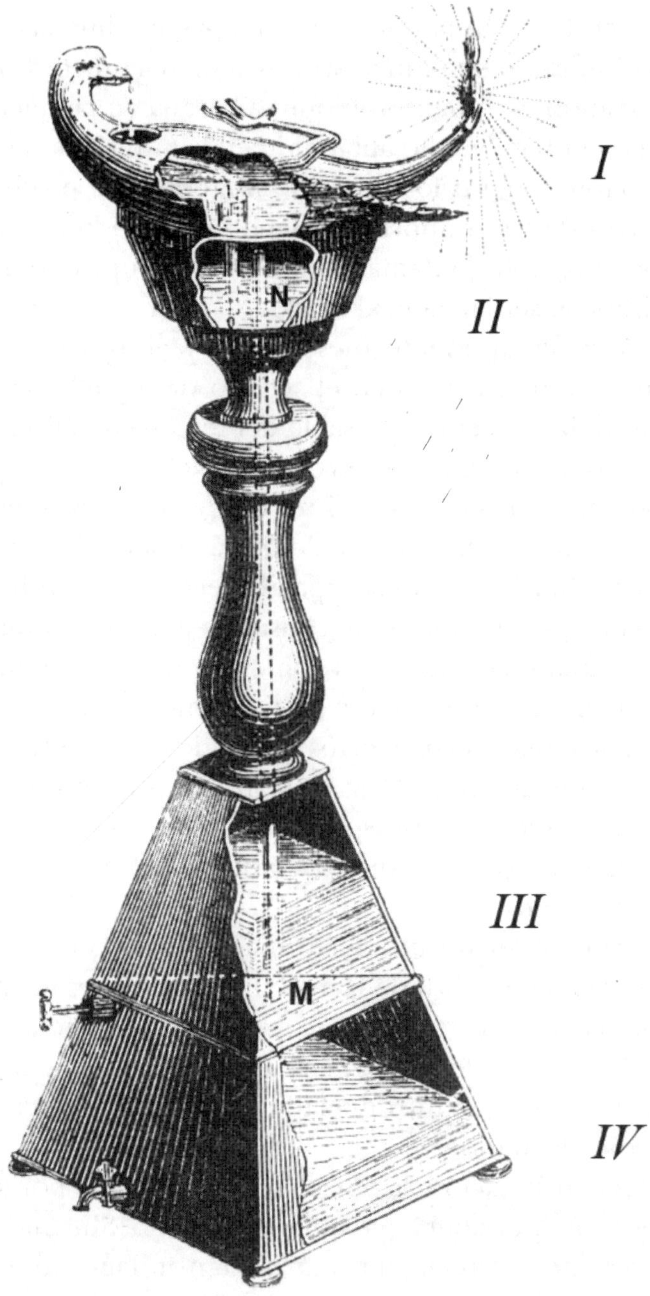

Ilustración de la lámpara inextinguible explicada por Herón de Alejandría. Ilustración para *Magic. Stage Illusions and Scientific divertions, including trick Photography* (compilada y editada por A. Hopkins, 1897).

Complementario al efecto de la lámpara inextinguible fue el de la llama que jamás se apagaba hubiera viento, lluvia intensa o cualquier otra inclemencia meteorológica. Varios autores comentaron que se basaba en la mecha, fabricada con un elemento aplaudido en la antigüedad como era el amianto. Según los escritos antiguos, este producto estuvo detrás de tres importantes fenómenos: la lámpara de aceite inextinguible, la llama inapagable y la ropa que no se carbonizaba al ser lanzada al fuego.

Muy seguramente fuese cierto y el amianto participara de un modo u otro en el secreto de aquellos prodigios. Y, sin duda, fue el responsable del tercero de ellos. Ajenos sus usuarios a los efectos perniciosos del amianto, y puesto que permitía ser tejido, se utilizó desde para vestimenta de personas adineradas a redecillas para el pelo. Y, claro está, para maravillar lanzando la ropa al fuego y sorprendiendo al observar que, no sólo no se consumía al arder, sino que quedaba resplandeciente y casi como nueva, sin siquiera rastro de las manchas que hubiera podido tener (31).

Pausanias recoge otros prodigios diferentes. Conocido entre los amantes de la historia del ilusionismo es el suceso ocurrido en la próspera ciudad de Elis (Grecia) durante la fiesta de Dioniso, dios del vino (el popular dios Baco para los romanos).

Allí sobrevino un efecto mágico parejo en estructura al descrito en el libro de Daniel. Los sacerdotes mostraban tres vasijas de vino totalmente vacías, examinadas minuciosamente por cualquier persona, nativa o foránea, que lo deseara. Las vasijas se introducían en una capilla cercana a la villa dedicada al dios.

A continuación, la puerta se sellaba, tanto por los sacerdotes como por aquel que quisiera hacerlo. Sin embargo, al día siguiente, los recipientes aparecían milagrosamente colmados de vino (36). Exteriorizado el secreto descifrado por Daniel con el dios Bel, la generosa acción de Baco con sus feligreses se antoja muy similar. Pausanias no pudo presenciarlo en directo por no coincidir su estancia en Elis con las fiestas de la divinidad pero, sin adjudicárselo a los dioses, concede sinceridad a la experiencia, afirmando que le fue narrada por personas acreditadas.

Ciertamente, el fenómeno no parece inventado. Al contrario, la composición del número posee características de una recreación ilusionista: inicialmente se procede a confirmar la inocencia de los objetos que producirán el efecto mágico; después, durante el sellado de la capilla, se prioriza la comprobación de las condiciones de ejecución por parte de los asistentes, es decir, son tratados claramente como público; por último, el suceso mágico está aislado de circunstancias que pudieran delatar el procedimiento.

Inmediatamente después del efecto anterior, Pausanias expone una ilusión también con bastante eco entre magos amigos de la historia, pero que él compara en fiabilidad a la Mesa del Sol descrita por Heródoto. Se trata de lo que presumiblemente sucedía en la isla de Andros (Grecia). Allí, igualmente durante la festividad de Dioniso (Baco), cada dos años el agua que fluía del templo del dios corría transformada en vino (46). Según comenta Pausanias, son los propios habitantes de Andros quienes aseveran la verosimilitud del episodio. Lo afirma asimismo Plinio, aunque, en su caso la credibilidad es menor al salpicar la obra que le hizo universal, *Historia Natural*, con centenares de exageraciones que deberían haberle requerido mayor análisis crítico.

Así, Plinio cita el efecto en un par de capítulos con casos aparentemente disparatados. En uno nombra dos fuentes, una de las cuales transforma en negras a las ovejas que beben sus aguas, y la otra en blancas. Y una fuente más en Hispania con un precioso efecto visual: los peces de colores ordinarios, al introducirse en ella, se veían dorados. En el otro capítulo menciona un arroyo donde los peces hacían vaticinios, retirando con la cola el cebo si respondían negativamente a una pregunta, o capturándolo si la contestación era positiva.

MILAGROS CON ESTATUAS

Las estatuas estuvieron entre los objetos más utilizados para la simulación de sucesos mágicos. Figuras de dioses, semidioses, héroes y personajes ilustres abundaban en las acrópolis, plazas, avenidas, casas acaudaladas, templos y caminos. Estaba extendida la creencia de que los dioses podían manifestarse en las estatuas, de modo que la intención tramposa más inmediata fue dotar a las estatuas de acciones que materializaran su facultad para adquirir movimiento y obrar proezas. Los primeros y más antiguos logros de los que quedan constancia, ya analizados, fueron las inclinaciones de los oráculos en las procesiones egipcias, y el cénit, los autómatas de Alejandría, también en Egipto.

Los presumibles milagros de las estatuas gozaron de una larga edad de oro. En el siglo V a.C., el poeta griego Píndaro ya plasmaba en su obra la encantadora voz con las que entonaban canciones las seis estatuas doradas de las primeras edificaciones del oráculo de Delfos. Desde entonces, los fenómenos milagrosos consumados por las estatuas asomaron a menudo. Sus prodigios fueron múltiples: lloraban sangre, sudaban, se movían o giraban, emitían oráculos… Es el motivo por el que algunos de los efectos mágicos más representativos expuestos hasta ahora fueran protagonizados por estatuas: las portentosas levitaciones del Serapeo, los ágapes de Bel, el oráculo de Hierápolis, el canto de Memnón, la iluminación eterna de la diosa Atenea...

Imaginación no faltó. A veces con resultados muy singulares. Así habría que calificar la extravagante aptitud desplegada por una de las dos estatuas de bronce que ornamentaban el templo de Zeus, en Olimpia. Cada una personificaba un popular auriga de pie junto a un caballo. El protagonismo lo acaparó una de las esculturas, pero no el héroe representado, sino el caballo a su lado, que alcanzó notoriedad debido al atractivo que despertó entre los animales de su misma especie.

Al menos cinco de las siete ciudades que albergaron maravillas de la Antigüedad han legado relatos de efectos de ilusionismo: La gran pirámide de Guiza, la isla de Faros, Babilonia, Olimpia y Éfeso. En esta ciudad ocurrió, presuntamente, un prodigio bastante conocido del ilusionismo, popularizado por Athanasius Kircher en el siglo XVII: en el interior del templo de Artemisa, la estatua de la diosa hacía manar milagrosamente leche de sus múltiples pechos. No existe, sin embargo, ningún indicio de la existencia del número, ni siquiera un mínimo convencimiento entre los estudiosos de que los bultos que sobresalían fueran pechos. Estatua de Artemisa de Éfeso (reproducción), s. II, alabastro). Museo archeologico nazionale di Napoli (©Marie-Lan Nguyen).

Pausanias explicó que los machos que circulaban por el entorno, cautivados por algún tipo de encantamiento, la confundían con una seductora yegua, se movían a su alrededor, olisqueaban y no se apartaban. Los más exaltados intentaban cubrirla, por más que el escurridizo metal impidiera llegar a mayores con la imperturbable estatua. El hechizo era evidente y, puesto que le sucedía a los animales, no existía posibilidad de connivencia. Fue un suceso popular, como lo fue su posible secreto, basado para algunos en que la estatua estaba embadurnada con sustancias que excitaban a los caballos (35).

Las ilusiones con estatuas prosiguieron hasta los últimos coletazos del paganismo. La postrera de ellas sucedió en tiempos del efímero e intenso emperador Juliano el Apóstata (361-363), último en restaurar las religiones antiguas. Durante sus dos escasos años como augusto revitalizó el paganismo y practicó la teúrgia, una corriente mágica y mística dirigida a propiciar, mediante conjuros de invocación, la presencia y acción de las divinidades.

La teúrgia atrajo hacia sí ilusiones enmascaradas de presuntas manifestaciones de naturaleza divina y a farsantes como el filósofo Máximo de Éfeso. Este teúrgo, elocuente y persuasivo, ensimismó con su oratoria al emperador, sobre quien ejerció una especial influencia. Le acompañó durante la campaña militar contra los persas, y fue en ella donde Juliano cayó mortalmente herido por una lanza y expiró, tras hablar de filosofía en su lecho de muerte con Máximo y Prisco, otro teúrgo.

Poco tiempo antes de que emperador y teúrgo congeniasen, Máximo protagonizó la última exhibición de magia con estatuas acreditada en el mundo antiguo. Estuvo concienzudamente ambientada. La teúrgia demandaba demostraciones palpables y el biógrafo Eunapio, que llegó a conocer a Máximo, expuso el impacto sobrecogedor de una preparación cuidadosa. Máximo lo concibió como un espectáculo destinado a asegurarse fama como hacedor de magia. Sabía que otros compañeros suyos detestaban a quienes practicaban, en nombre del discernimiento y los poderes divinos, lo que el filósofo Eusebio de Mindo, uno de sus críticos, tildó de *prodigios que engañan a los sentidos* (definición acertada, por cierto, de lo que es el ilusionismo), de forma que procuró que todo pareciera asombrosamente real. De la narración de la actuación se desprende que pudo haber ubicado a los espectadores según la disposición que necesitaba. El prodigio sucedió además en un templo elegido por él mismo y, por tanto, factible de modificarse a su favor.

En la imagen, dibujo de la triple Hécate. El efecto que reprodujo Máximo de Éfeso en las antorchas de la diosa fue en realidad una presentación nueva e imaginativa de la creación espontánea de fuego. Richard Cosway. British Museum, Londres.

Anunció ante un nutrido grupo de testigos la notable superioridad de su naturaleza frente a la del común de los mortales. Y procedió a evidenciarlo con un número de magia dirigido a Hécate, la misteriosa diosa de las penumbras y los espectros. En su honor estaba erigido el templo designado por Máximo, a buen seguro ambientado a gusto de la diosa, amiga de las noches oscuras, los fantasmas y las ceremonias mágicas. El embaucador quemó incienso en homenaje a la estatua de Hécate, dirigió hacia ella incomprensibles expresiones mágicas, murmuradas en voz baja y, entre la probable bruma formada por el humo, surgió el milagro: la estatua sonrió primero y pareció reír en alto después. Los espectadores quedaron estremecidos, helados por la visión. Máximo, dominando la situación, les pidió que no se dejaran llevar por el terror y les solicitó que centraran la atención en las antorchas que Hécate portaba en sus manos, porque prenderían solas. Y así fue, de inmediato las teas se encendieron y ardieron con una llama viva (55).

Según cuenta Eunapio, Máximo de Éfeso obtuvo un doble premio con el espectáculo de magia. El primero, el gran impacto ocasionado en los presentes, quienes en su mayor parte regresaron a sus casas enmudecidos por lo presenciado. El otro, un efecto de trascendencia histórica, fruto de una rocambolesca carambola: invitado a la recreación del teúrgo, Eusebio de Mindo, el detractor de Máximo, quedó desengañado de la función y reafirmado en sus convicciones. Sólo observó en ella hechicerías al servicio de las ambiciones personales de un charlatán, alejadas de la búsqueda de la perfección a través de la razón. En consecuencia, previno al joven Juliano contra Máximo y aquellos que utilizaban la religión con fines nigromantes y de brujería. Pero cosechó el efecto contrario. El futuro emperador, al escuchar el prodigio, despachó a Eusebio y adoptó a Máximo como uno de sus maestros. Juliano había experimentado lo que estimula a muchos magos a iniciarse en el ilusionismo: impactado por la magia, quiso aprender también él cómo realizarla.

EL EFECTO DE MAGIA QUE SALVÓ UNA VIDA

Entre tantos efectos con fines fraudulentos, la historia antigua preservó un magnífico número ilusionista con una finalidad pocas veces más noble, al solventar la más que comprometida situación en la que se encontraba la mujer agraciada por él. Sucedió en el siglo III a.C. Tuccia, sacerdotisa romana acusada de incesto, salvó presumiblemente la vida gracias al ilusionismo. Mostró su inocencia en un curioso juicio de dios, resuelto prodigiosamente por Vesta, diosa de la familia responsable de mantener el fuego del hogar.

Las sacerdotisas consagradas a Vesta recibían el nombre de vestales. Tuccia lo era. Ella y las demás, elegidas entre las romanas desde la niñez, velaban para que el fuego sagrado del templo dedicado a la diosa jamás se extinguiera. Si lo hacía era visto como un mal presagio o un descuido insultante hacia la diosa. La vestal solía ser entonces duramente azotada o castigada con gran rigor.

Mantener vivo el fuego de Vesta se había convertido en una servidumbre esencial desde la misma formación de Roma. La leyenda de Rómulo y Remo, los gemelos fundadores, se iniciaba con la condena sufrida por su madre y vestal, Rea Silvia. Adujo haber sido violada por Marte, pero el jurado no la creyó; le arrancaron sus hijos y los arrojaron al Tíber. Los hermanos tuvieron fortuna. Diferentes circunstancias permitieron que la cuna quedara en una zona poco profunda y una loba les amamantara.

La vigilancia del fuego sagrado exigía a cada vestal dedicar treinta años ininterrumpidos de su vida. Durante este tiempo, las seis mujeres que formaban la congregación debían mantenerse vírgenes, servir puras a la diosa. Contravenir el voto no tenía perdón. Los romanos, más por limpiar la afrenta y restituir la armonía con Vesta que por virtud, juzgaban a la encausada. De considerarla culpable, bastante frecuente en este tipo de pleitos, el castigo a la convicta era implacable: se construía un pequeño habitáculo subterráneo y se la enterraba viva.

Tuccia había sido acusada de incesto y no aceptaba aquella muerte horrorosa, padecida con anterioridad por otras jóvenes vestales. Resuelta, refutó la acusación de una curiosa manera. Tomó una criba, esto es, un recipiente con su parte inferior perforado por múltiples agujeros, y se dirigió con ella al río Tíber. Allí encomendó a la diosa Vesta la realización de un milagro que la descargara de la acusación. Sumergió la criba en el río hasta llenarla completamente de agua y la extrajo de él. De forma natural, el agua debía surgir con fuerza por los orificios, a modo de regadera. Pero no lo hizo. La diosa actuaba y nada brotó del cedazo. Tuccia se dirigió con él, entre caras de estupefacción, hacia el templo de su divina protectora para ofrecer, en agradecimiento, el agua del Tíber. Durante el trayecto ninguna gota se derramó. La sacerdotisa había sido maravillosamente auxiliada.

La historia tuvo difusión en el mundo antiguo. En el siglo IV, bastante después del suceso, San Agustín se refirió a ella en dos ocasiones en su magna obra *La ciudad de Dios* y en ningún caso la puso en duda. Hoy podría parecer ficticia. Sin embargo, concurre un sorprendente indicio de autenticidad: el efecto mágico que ejecutó Tuccia existió. Más aún, aparece explicado en varios libros.

En una coincidencia extraordinaria, a la par que Plinio y Valerio Máximo lo comentan en sus libros de historia, en torno a la misma época y en Alejandría, Herón expuso cómo hacerlo (25). Antes, quizá en tiempos de la presumible Tuccia, el efecto también fue revelado en un manual del sabio Filón de Bizancio. Es una de las primeras constataciones de explicación de un efecto de ilusionismo del que se testimonie su supuesta ejecución. Así lo detallaba Herón (traducción sintetizada):

> Tome una vasija de bronce en forma de globo, en cuya parte más baja se han practicado numerosos agujeros pequeños. En la parte superior, en la boca, coloque un tubo, con la extremidad superior comunicada y soldada a la boca de la vasija. Para introducir vino hunda el globo en él hasta que esté totalmente sumergido. El vino entrará a través de los agujeros, y el aire

> de dentro, expulsado hacia el exterior, pasará por el tubo. Presionando la abertura con el dedo pulgar extraiga el globo del vino; el vino contenido en el globo no caerá, pues la única entrada de aire es a través de la boca, taponada por el pulgar. Cuando deseemos que el vino salga quitaremos el dedo. Si de nuevo presionamos con el dedo, no caerá vino hasta que nosotros, una vez más, quitemos el dedo. Podemos, del mismo modo, llenar el globo con agua, y entonces retener o expulsar el contenido como deseemos.

El efecto de Tuccia y el de Filón y Herón son el mismo, de modo que, al existir el método, la vestal pudo realizarlo así o, más probablemente, en alguna versión adaptada a la criba que utilizara. En realidad, una vez conocido el principio físico que lo hace posible, no sería difícil adecuar el procedimiento. Habría bastado con practicar el trucaje en un espacio creado entre la parte superior e inferior del cedazo. Y tendría sentido que la vestal conociese el secreto pues, de lo contrario, se antoja extraño que alguien concibiese un milagro tan rebuscado para probar su inocencia.

De ser cierta la historia, el general desconocimiento por las masas de las propiedades de los fluidos y su sabio manejo en el arte mágico impidió consumar un cruel castigo. Fue la estimulante consecuencia del recurso que siempre ha acompañado al ilusionismo, la utilización de novedades científicas para la creación de asombro.

DESENMASCARADOS

A comienzos de nuestra era, las supercherías de teúrgos y farsantes iluminados, todos encuadrados en el apelativo de magos «con poderes», se afianzaron con facilidad en el territorio romano gracias al alto grado de superstición imperante, y ya nunca desaparecieron. Eso sí, con un peaje elevado, el de padecer, también para siempre, el estigma de la sospecha. Porque, ante potenciales maravillas, el poso dejado por el avance del conocimiento y el pensamiento generaría, invariablemente y en todas las épocas, escépticos y explicaciones desmitificadoras. A esto ayudó un número cada vez mayor de autores dispuestos a denunciar las tretas dirigidas a embaucar a fieles y a la plebe. Su labor fue lenta, pero asentada en apoyos académicos relevantes y en todas las épocas.

Uno de ellos llegó, cómo no, del ya conocido Luciano de Samósata. Autor desconfiado, satírico y divertido, uniría estrechamente y para siempre este grupo con el ilusionismo. Probablemente fue el primer escritor a la vez humorista. Se rio con inteligencia y sarcasmo de las desventuras de su tiempo y, claro está, de los prodigios. Con mofa comentó la experiencia de uno de sus personajes ante el coloso de Memnón, asegurando que la estatua no sólo emitió un oráculo, sino que se lució recitando siete versos.

Su nula condescendencia con los fraudes religiosos quedó exteriorizada en el comentado *Alejandro o el falso profeta*, una joya que sin embargo comienza con una mala noticia para la historia del ilusionismo: la cita de un libro del que no sabemos nada y que, por tanto, hemos de considerar perdido. Se trata de *Contra los magos*, redactado por Celso, buen amigo suyo, a quien dedica y narra en primera persona la biografía de Alejandro. De haberse conservado, habría sido de gran valor para conocer las trampas pseudomágicas. Muy seguramente, el texto de Celso daría a conocer interesantes argucias y efectos de magia con los cuales simular poderes divinos. Luciano hizo referencia a él un par de veces e incluso afirmó no explicar más trampas en su obra porque ya las había muy numerosas en la de Celso. *Contra los magos*, pese a estar desaparecido, dejó una importante corroboración: la existencia de trucajes para engañar a los fieles debió ser tan natural, que críticos y escritores de la altura de Celso y Luciano se implicaron en su investigación y denuncia.

Los ataques de Luciano no quedaron reducidos a la biografía de Alejandro de Abonutico, sino que se burlaría una y otra vez de los hechizos y prodigios mágicos. Consideraba de risa que, ante una palabra mágica, o envolviéndose en pieles de leones o animales, la fiebre y las enfermedades se asustaran y huyeran. Y a él se debe la narración del día a día del mago Pancrates. Es famosa la escena en la que este viste una mano de mortero y una escoba con ropa y les da vida para realizar las tareas de la casa. Andaban, iban por agua, hacían la compra y, ya puestos, preparaban la comida.

En otra escena conocida que, como los siete versos de Memnón y la de Pancrates, pertenecen a su obra *Philopseudes* («El apasionado por la mentira»), expone la actuación de un mago contratado una noche para consumar hechizos mágicos. Vuelos, cambios de forma, embrujos, aparición de la diosa Hécate, transformaciones, hechizos amorosos y la proeza de bajar la luna. Todo a cambio de una remuneración económica. Extrañado quedaba el autor de que magos con tales poderes sólo sobrevivieran a cambio de retribuciones.

También puso en duda creencias mitológicas intocables para muchos. Ironizaba sobre Zeus, padre de dioses, preguntándole cómo podría ser que su rayo fulminara mástiles de barcos, árboles y honrados caminantes, y no a piratas, ladrones y otros a los que sí debiera. Y ridiculizó los prodigios y fantasías padecidos por Ulises en la *Odisea*, inventándose él otro viaje: una delirante escapada a la Luna. Fue el primero en imaginar algo así. Y en describir a los selenitas, sus imaginarios habitantes, con quienes vivió aventuras imposibles. La composición lleva el título, para más sorna, de *Relatos verídicos.*

Luciano estuvo muy bien acompañado en el cerco literario a las farsas y trucos de embaucadores. Desde comienzos del siglo II, los magos al servicio del fraude fueron uno de los escasos frentes en común de críticos de todos los perfiles. Ateos, paganos y cristianos, en otros puntos irreconciliables, reaccionaron al unísono frente a la decepción de la trampa religiosa. En la esfera del cristianismo, consolidado ya como alternativa a los cultos antiguos, autores notables sumaron a su dialéctica filosófica el ataque a los artificios ilusionistas fraudulentos, desacreditándolos con firmeza. Las acometidas fueron constantes. Lactancio aportó otra buena definición de ilusionismo al criticar los trucos de los magos, acusándoles de engañar a los acólitos *obnubilando sus ojos con prestidigitaciones, para que no vean lo que es y crean ver lo que no es.* Y Eusebio de Cesárea arremetió contra augurios, prodigios en estatuas y milagros aparentes, defendiendo que tras ellos sólo había fraudes sustentados en causas naturales.

De los escritos cristianos, el libro IV de *Refutación de todas las herejías* (53), de Hipólito de Roma (s. III), es impagable para la historia del ilusionismo. Al ser una incógnita el contenido del volumen de Celso, este supone un consuelo extraordinario. Sin embargo, es poco conocido, puede que debido a su descubrimiento tardío a mediados del siglo XIX. Su relevancia se debe a que parte de su segunda mitad está dedicada exclusivamente a desvelar fraudes ilusionistas religiosos. Son números de tal envergadura que, una vez más, reflejan lo alejados que nos encontramos de comprender el alcance del ilusionismo en el mundo antiguo, de modo que la esporádica aparición de algún texto es suficiente para hacernos variar la concepción acerca de los efectos ilusionistas de aquella época. En el contexto actual, ajenos socioculturalmente a aquel entorno, sería sencillamente imposible imaginar que esos efectos hubiesen existido.

Minoides Mynas, investigador griego, encontró el volumen en uno de los conventos de Monte Athos. Gracias a su hallazgo, y a la *Neumática* de Filón de Bizancio —localizada y traducida por Carra de Vaux—, el siglo XIX es la centuria de mayor repercusión en el hallazgo de fuentes históricas sobre efectos de ilusionismo antiguo. Sólo un tercer libro, la *Neumática* de Herón de Alejandría, ofrece tantos y tan diversos datos. No obstante, no existe entre los historiadores pleno convencimiento de que pertenezca al tal Hipólito, de quien existen datos confusos sobre su vida. Aunque la falta de seguridad en la autoría no desmerece en absoluto la espectacular selección exhibida de los falsos milagros de teúrgos, profetas y farsantes. Quien los presenciara, haciendo cierto el comentario de Luciano respecto a las maravillas de Alejandro de Abonutico, *había de tener una mente fría como el acero frente a espectáculos así para no creer en lo que parecía evidente.*

No obstante, esta obra tiene limitaciones. De entrada, el ilusionismo sólo es una parte de un libro que además no es muy extenso. Hay que recordar que el concepto de libro no era igual al actual: se escribía sobre hojas de papiro, de forma que un volumen comprendía un solo rollo de este material. Por otra parte, Hipólito es un pensador, no un prestidigitador, y eso se nota en las explicaciones. Las hay bien documentadas, como si las conociera de primera mano o procedieran de fuentes bibliográficas fundamentadas, pero de algunas reconoce que habla de oídas y otras no parecen verosímiles.

Tras una primera parte dedicada a la astrología, el autor se centra en revelar desconcertantes prodigios mágicos. Entre los secretos expuestos, aparecen procedimientos para gran parte de los fraudes ilusionistas ya citados en este libro: imitación de sonidos tenebrosos, oráculos autófonos, facultad para andar sobre brasas ardiendo, fuego que brota espontáneamente, introducción de una mano en brea aparentemente hirviendo, impresión de frases en un hígado, métodos para descubrir preguntas realizadas a los oráculos, etc. Y aporta números imposibles de suponer de no haber quedados inmortalizados en el libro.

Uno de los primeros en aparecer es tan insensible como impresionante. Consiste en la autoinmolación de una oveja en un sacrificio. Súbitamente, y a voluntad del sacerdote, una oveja cae en medio de un charco de sangre creado por sí misma instantes antes de morir. El tétrico efecto se conseguía colocando una cuchilla bien afilada, oculta entre la lana, cercana a una arteria del cuello. En el momento de la representación, el oficiante simulaba susurrar algún encantamiento al oído de la oveja y untaba la zona de la arteria con un producto a base de sal, esquirlas y sustancias irritantes. Al cabo de unos minutos, al rascarse, la desdichada oveja presionaba la cuchilla, seccionaba la arteria y se degollaba en medio de un baño de sangre. Hipólito da a entender que la autoinmolación fue un efecto habitual al comentar también versiones con cabras y carneros.

Este prodigio ostenta un récord mucho más amable. En la descripción del procedimiento se cita por primera vez una caja mágica de cambios. Estaba, como la mayoría de las actuales, compuesta por dos compartimentos: uno de ellos, el único a ojos de los espectadores, contenía incienso para el sacrificio; el segundo, el oculto, la sustancia urticante (54).

Otro número magnífico fue la visión de dioses en un caldero de agua. El caldero, realizado en piedra, se hallaba apoyado en el suelo de una habitación ambientada al efecto. Tras los ritos mágicos, la posesión del mago por un demonio, un espíritu o la realización de cualquier otra parafernalia que afectara profundamente las emociones de los asistentes, éstos se colocaban en torno al recipiente. En él, primero se reflejaba el cielo, puerta de acceso a los dioses, pero seguidamente, en el fondo, comenzaban a aparecer los propios dioses; interactuaban, gesticulaban, se movían y se distinguían con claridad a través del agua, a la vista del alucinado auditorio.

Aquello debía anonadar profundamente a los testigos. Aunque se podía complementar con una manifestación de los dioses, o los demonios, aún más tangible. Tras invocar, por ejemplo, a Hécate, afirmando que se presentaría en forma de fuego y cabalgaría por el aire, el embaucador entraba en un éxtasis frenético. Entonces, entre sombras nocturnas y ritos intimidantes, una llama de la antorcha que llevaba en su mano se posaba en la pared y la recorría de un lado a otro o dibujaba líneas en el muro, dejando tras de sí un reguero de fuego. Seguidamente, volaba por la habitación hasta salir por una de las ventanas. A veces, abrasaba un objeto del exterior o, incluso, algún edificio próximo.

Esta soberbia rutina de efectos es explicada con detalle por Hipólito. La olla, en apariencia, no poseía nada anormal. El truco se escondía en el fondo de la misma. Era de cristal y se apoyaba justo encima de una pequeña ranura en el suelo que comunicaba con un insospechado piso inferior. En aquella cámara subterránea, ambientada adecuadamente, figurantes caracterizados como dioses aparecían y se dejaban ver a través de la ranura, la base de cristal y el agua del caldero. La llama en la pared se conseguía impregnando una brocha en una sustancia inflamable y trazando previamente con ella líneas o dibujos. El sacerdote, simulando un estado de enajenación, se movía alocadamente y tocaba con la antorcha la sustancia combustible de la pared. Al entrar en contacto con el fuego, el producto prendía y ardía sobre las líneas trazadas. El engaño final (la bola de fuego que vuela por la habitación) era fabuloso, pero despiadado en el procedimiento. Se conseguía envolviendo en estopa un halcón o algún pájaro de vuelo rápido. Cuando el efecto anterior llegaba a su fin, un ayudante escondido prendía la estopa y dejaba escapar al ave. Despavorido, el animal recorría la sala frenéticamente hasta escapar al exterior. Los concurrentes solo veían una llama de fuego volar de un lado a otro. En su estado de terror, la identificaban con Hécate.

El libro explica otros efectos deslumbrantes: arrojar un lienzo al fuego sin que arda, la aparición de la luna y las estrellas en el techo de un lugar cerrado, la creación de llamas del color de la sangre, hacer que ascuas de carbón se movieran por sí solas... Y finaliza con el número, ya comentado en un capítulo anterior, de la cabeza parlante, en este caso realizado con la calavera de un animal.

Los padres de la iglesia también denunciaron efectos mágicos de sectas heréticas. Una de ellas fue el gnosticismo, corriente religiosa que, si bien tuvo raíces paganas, aspiró a fusionarse con el cristianismo primitivo. Entre los gnósticos reprobados estuvo Marcos, el Mago, quien realizaba un excelente efecto de magia con líquidos durante la celebración de la eucaristía. Primero, el vino se transformaba en un brebaje que hacía pasar por sangre divina. Con él llenaba copas y las repartía. Mostraba a continuación un cáliz mayor que el resto, tomaba una de las copas y, con tan solo el contenido de la misma —significativamente más pequeña— colmaba «milagrosamente» el cáliz grande hasta desbordarlo (50). Según uno de los textos, aquellas maravillas fueron consecuencia de reacciones químicas bien disimuladas.

> [Marcos] finge recitar la eucaristía sobre un cáliz con una mezcla de vino y prolonga las palabras de la invocación. Entonces hace aparecer colores purpúreos y rojos, de modo que parezca que la Gracia derrama su sangre [...] Luego entrega a mujeres copas llenas de la mezcla y les ordena recitar la eucaristía en su presencia; hecho esto, presenta un cáliz mucho mayor [...] Y, atolondrando a las infelices, aparece como milagrero, llenando por completo el cáliz grande con el contenido del pequeño, hasta hacerlo rebosar.
>
> San Ireneo de Lyon. *Contra las Herejías*, libro I, cap. 13, 12

La literatura sobre gnósticos y teúrgos reflejó también prodigios que, sin despertar recelos en su tiempo, hoy resultan sospechosos. Es el caso del protagonizado por el filósofo y teúrgo griego Jámblico cuando regresaba a la ciudad, tras sacrificar a los dioses, en espiritual y sosegada charla con sus prosélitos. De pronto quedó estático, con los ojos fijos en el suelo. Estaba en trance, absorto ante su confundida audiencia. Había notado que el camino estaba impuro, percibía que por él se había transitado con un cadáver. Parte de sus seguidores lo consideraron un milagro tras averiguar posteriormente que, efectivamente, el camino fue utilizado para transportar a una persona fallecida. Otros, más escépticos, opinaron que aquello no significaba absolutamente nada. Podría haberlo notado por disponer de buen olfato y, de paso, aprovechar la coyuntura para sacar partido de ella. Jámblico emplazó entonces a sus discípulos a una próxima ocasión, en la que realizaría algo bastante más potente, un contundente milagro para convertir a los adeptos en incondicionales. Y así ocurrió tiempo después.

Cierto día, disfrutando de unos baños, solicitó a quienes le acompañaban que consultaran el nombre de dos fuentes termales cercanas. Preguntaron y supieron que eran conocidas como Eros y Anteros, en recuerdo de los dos hermanos dioses del amor. Jámblico, escuchó las denominaciones, tocó el agua de una de las fuentes, murmuró algún tipo de invocación mágica y del agua emergió un hermoso muchacho, de agraciada espalda, piel blanca y rizos dorados. Quedaron boquiabiertos. Más aún cuando, a continuación, de la segunda fuente y con el mismo proceder, volvió a surgir otro joven semejante al anterior.

Su biógrafo comentó que los discípulos abandonaron las dudas y no volvieron a exigir ninguna prueba más de su gracia divina.

Desenmascarar las trampas ilusionistas hizo mella en las estrategias de magos y estafadores, pero sus conocimientos de trucajes y de algunas propiedades insólitas de la botánica y la química continuaron dándoles ventaja. Incluso entre los eruditos se mantenía el doble posicionamiento de enfrentarse a la magia y a las supercherías de los magos y, a la vez, admitirles capacidades para realizar acciones maravillosas. Plinio resume este sentimiento contradictorio al expresar su rechazo hacia ellos y, sin embargo, citar remedios para disminuir el efecto de las artes mágicas.

Por otra parte, para el adepto, que hubiese quien la recreara fraudulentamente no invalidaba su autenticidad. De hecho, la magia experimentó un nuevo impulso en el siglo II y durante la crisis del siglo III, terrible para Roma, durante la cual sufrió colapsos económicos, revueltas militares y civiles, enemigos al asalto del territorio y el desmoronamiento de las creencias tradicionales. La crisis marcaría el declive del imperio romano y, a la postre, su desaparición en Occidente.

En aquel contexto, el pueblo, acosado por la inseguridad y el miedo, revitalizó la superstición y la magia. La vertiente más tenebrosa continuó su práctica oscurantista mientras que la dirigida a comprender el funcionamiento del cosmos, incluido beneficios tangibles de dioses y semidioses, renació con el auge de la teúrgia. Personajes ilustres, como Apuleyo o Juliano, se sumergieron con sinceridad en su estudio. Acabaría englobada, junto a otras de índole «positivo», en la denominada magia blanca.

A la vez, quienes continuaron abusando de crédulos e ingenuos, consolidaron el modelo de mago «con poderes» aún en activo. Esta tipología ha dado tanto juego en el imaginario popular que aún se mantiene la ambigua definición de los ilusionistas como falsos brujos. Artistas que intentan recrear prodigios como si realmente tuviesen poderes para ello.

El paganismo, proscrito definitivamente en el siglo V, acabaría por desaparecer pero, curiosamente, la magia blanca de un lado, y la hechicería y la magia negra de otro, hostigadas sin la más mínima compasión, sobrevivirían a siglos muy difíciles. Con un coste terrible, pues su acoso supondría el sufrimiento de numerosas personas inocentes. Todo ello sin grandes resultados porque, como si realmente seres superiores la mantuviesen, la práctica de la magia nunca desapareció.

Ajena al avance de la ciencia y el pensamiento, mantuvo (y mantiene) su vigencia en todas las civilizaciones y épocas.

TERCERA PARTE

ILUSIONISMO Y ENTRETENIMIENTO

6.

OCIO Y PRESTIDIGITACIÓN PARA EL PUEBLO GRECORROMANO

La necesidad de entretener y entretenerse viene de lejos. Heródoto situó el invento de los dados y otros juegos en Lidia (Anatolia, Turquía), en tiempos del rey Atis y la mitológica guerra de Troya. Las tumbas egipcias advierten que bastante antes ya eran populares los juegos de mesa. Cinco milenios posee al menos el Mehen y cuatro y medio largos la primera datación del Senet, del que se conservan tableros y fichas intactos. Su aparición en dibujos y grabados apuntan a una amplia difusión en el pueblo y en la historia de Egipto. Y de similar época es el llamado juego de Ur, descubierto en las tumbas reales de la ciudad estado de Ur, en Mesopotamia.

Las primeras constataciones de exhibiciones con la única finalidad de distraer ostentan también una gran antigüedad. Malabaristas, juglares y acróbatas desplegaban sus artes hace al menos cuatro milenios. La popular tumba número 15 de Beni Hassan, la misma en la que se han querido apreciar cubiletes, muestra en su pared norte una comitiva de mujeres practicando acrobacias y juegos con pelotas. Igual sucede en la tumba número 17. En ella, varias de las mujeres parecen exhibir la que continúa siendo la habilidad más popular a día de hoy: la ejecución de acrobacias aéreas con tres pelotitas.

En las tumbas de Beni Hassan, datadas hacia finales del tercer milenio a.C. o principios del siguiente, aparecen dibujadas acróbatas y malabaristas (foto superior). Los juegos de habilidad fueron usuales en las civilizaciones antiguas (©Nacho Ares).

Para cuando Grecia era potencia cultural hacía tiempo que el ocio se había consolidado socialmente. Mosaicos, grabados y literatura han inmortalizado el gusto por el esparcimiento y el recreo, heredado luego por Roma. En el Imperio, el entretenimiento y la diversión se convirtieron en el principal foco de interés para el pueblo, junto con el básico de comer y beber. De entonces proviene la expresión «pan y circo», acuñada por Juvenal en sus *Sátiras* para expresar el modo fácil de tenerlo distraído y callado.

Poco antes de la caída de Roma, la mitad de los días del año se dedicaban a distracciones públicas. El trío de espectáculos principales lo formaban las carreras de cuadrigas, los combates de gladiadores y las representaciones teatrales. Del seguimiento que suscitaban es exponente el Circo Máximo de Roma, destinado principalmente a la primera de ellas y con un aforo de alrededor de trescientas mil personas.

Las pericias de acróbatas, funámbulos, contorsionistas, bailarinas, cómicos, prestidigitadores, etc., se encontraban entre las animaciones complementarias a las más populares. Es fácil suponer que, dada la entrega existente a las actividades de ocio, todas gozaran de cierto grado de evolución.

No obstante, debido a la propia esencia minoritaria de la prestidigitación, no es sencillo encontrar huellas de magia concebida como diversión. Todavía hoy, con academias y canales de vídeo, es tan excepcional conocer a un mago que, si este se brinda a actuar en una comida o fiesta de amigos, se habrá convertido en la estrella por la novedad que supone para el resto disfrutar de la magia en vivo.

Transponer estas características tan limitantes más de dos milenios atrás complica aún más el hallazgo de pistas. De cara al artista, porque la proporción de ilusionistas sería aún menor a causa de las mayores dificultades para aprender; del lado del público, porque requeriría de un espectador a la vez escritor que deseara plasmar experiencias consideradas de escaso valor. Y, finalmente, por la facilidad de que la documentación vaya perdiéndose a lo largo de la historia a causa de la exigua consideración sufrida por el ilusionismo durante siglos.

Asumidos los impedimentos específicos y las consecuencias del olvido, la buena noticia es que las piezas dispersas que reconstruyen la historia del ilusionismo como ocio, dispuestas y bien ordenadas, permiten vislumbrarle una gran veteranía y variedad en el mundo antiguo. Por orden cronológico, el primer relato conocido hasta hoy fue el de Dyedi, como ya vimos anteriormente. Es un buen comienzo, parejo además a otros registros de entretenimientos y juegos en el Egipto Antiguo. Y, respecto al mundo heleno, veremos a continuación que la generosidad de datos, no sólo es sugerente y variada, sino que dejó vestigios extraordinariamente tempranos.

Los antecedentes son tan lejanos que incluso es muy posible que, por considerarlos fantásticos o sin fundamento histórico, hayamos descartado acontecimientos del pasado basados en exhibiciones de trucos de magia. No es una suposición baladí, ni siquiera moderna. En el siglo XII, Eustacio de Tesalónica, en un exhaustivo libro sobre Homero, sugirió que algún episodio o atribución de personajes de la mitología podría inspirarse en hacedores de prodigios.

Entre estos ejemplos clásicos de ficciones mitológicas con posible inspiración ilusionista se encuentran algunos de los aparentes prodigios ejecutados por la maga Medea. Son célebres los que preparó como estrategia para asesinar al viejo rey Pelias. Simuló con astucia ante él su capacidad para rejuvenecer. Este, impresionado y convencido, dio permiso a sus hijas para que la ayudaran en lo que necesitara para devolverle la juventud. Mientras Pelias dormía, Medea tomó ante ellas un carnero viejo, lo troceó y lo metió en un caldero. Extrajo después de la olla, aparentemente, el mismo animal, pero vivo y joven. Las hijas de Pelias creyendo que era el modo de devolverle la juventud y, desconocedoras de la trampa, la ayudaron a repetir con el rey el efecto mágico, matándole ellas mismas mientras dormía.

Al margen de las posibles ilusiones mágicas en las narraciones mitológicas, la civilización griega proporcionó registros trascendentales del interés por divertimentos ilusionistas. Llegaron en forma de objetos de uso habitual, tan comunes, que no pueden considerarse una elaboración singular; y tan remotos —alguno de hace tres mil quinientos años—, que ni el más optimista hubiese podido figurar la existencia de vestigios de ilusionismo con esa antigüedad.

La mayoría pertenecen a la magia con líquidos. Fue una de las grandes especialidades del ilusionismo dirigido al ocio y, por los objetos y documentación encontrados, parece que la primera en desarrollarse con cierta profundidad. El secreto de la mayoría de los efectos se basó en que, el aire, al ocupar volumen, actúa como un fluido más. Como consecuencia, cualquier líquido y el aire sólo podrán intercambiar su posición si uno de ellos ejerce una fuerza mayor y si existe una vía para que el fluido desplazado pueda desocupar el lugar. Excelente atisbo para intuir su utilización en el ilusionismo sería conocer cuando dicha circunstancia se empleó para la manipulación de objetos y la consecución de efectos curiosos o entretenidos.

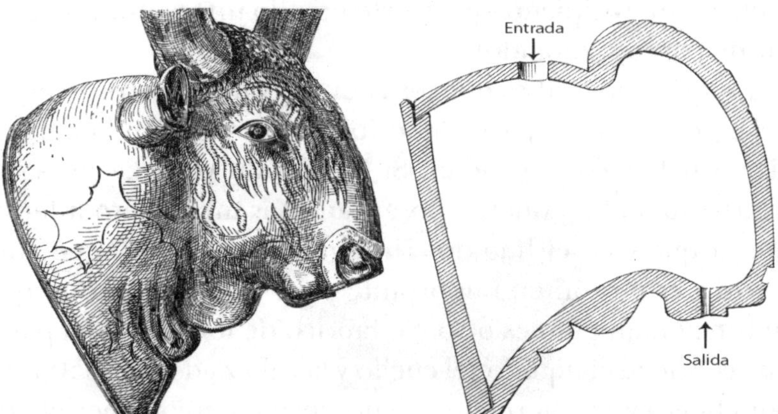

Arriba: Fotografía del ritón en forma de cabeza de toro, explicada en la página siguiente. Pequeño Palacio de Cnosos, Museo Arqueológico de Heraclión, Creta (©Zde). Abajo: Ilustración con los agujeros que permitirían el rellenado y posterior vertido controlado del líquido, *The Palace of Minos: a comparative account of the successive stages of the early Cretan civilization*. Sir Arthur Evans (1928).

El primer ejemplo, por su antigüedad y enorme valor artístico, no puede otorgar mejor carta de presentación a los antecedentes ilusionistas. Se trata de un antiquísimo y refinado ritón, esto es, un recipiente utilizado tanto para beber como para realizar libaciones (rito religioso consistente en derramar líquido sobre algún objeto o superficie). La forma habitual de los ritones es la de cuerno, aunque el que nos ocupa reproduce la cabeza de un toro. Debió pertenecer a algún rico residente del palacio cretense de Cnosos, hacía el año 1600-1500 a.C.

Puesto que en Creta las cornamentas de toros poseían un carácter icónico sagrado, la figura es probable que sea una vasija para libaciones en ceremonias religiosas. El ritón de Cnosos, uno de los tesoros cretenses más valiosos, posee además un gran valor para el ilusionismo. Sus características son las mismas que la de los objetos trucados descritos en los manuales de Filón de Bizancio y Herón de Alejandría, más de mil años después. El procedimiento que utiliza es, por ejemplo, idéntico al manejado en la jarra del Agua de la India de Filón (el efecto de magia, aún hoy practicado, consistente en un recipiente que vierte liquido una y otra vez, a pesar de parecer agotado).

Lo más habitual es que los ritones estuvieran construidos dejando abierta la parte superior. Así se podrían llenar, vaciar o beber con facilidad. Si la función para la que estaba destinado lo requería, poseía además un agujero inferior por el que caía el líquido. Sin embargo, la causa que convierte a este ritón en importante para el ilusionismo es que su funcionamiento es otro. Se fabricó de forma que la parte que contiene el líquido (el cuello y la cabeza del animal) quedara hueca y casi herméticamente cerrada; sólo es posible rellenarla gracias a la existencia de dos pequeños orificios para la entrada del líquido y la salida de aire, uno en la parte superior y otro en la inferior. Una vez lleno el ritón, el superior controla la entrada de aire que permite que el líquido caiga por el agujero inferior. De esta forma, tapando o destapando el agujero superior, se impide o no su caída.

Como se irá viendo, el método no es otro que el utilizado en las jarras trucadas ilusionistas. Es decir, en torno al año 1600-1500 a.C., una fecha sólo comparable a la del papiro Westcar, la civilización minoica ya aplicaba la técnica principal que convertiría la magia con líquidos en arte.

Esta pieza no es sólo un antecedente de un mecanismo que (no hay ningún motivo para descartarlo) quizá ya se aplicara entonces con algún tipo de intención ilusionista. Posee como añadido el otro elemento característico de los trucajes griegos, valorado siglos después por escritores de la excelencia de Aristóteles: ha cuidado que la causa que crea el efecto quede oculta, minimizando así su exposición al público. Lo logró aprovechando la anatomía de la cabeza del toro. Uno de los agujeros se situó detrás de la testuz, quedando fuera de la vista frontal de cualquier observador, y el otro es casi imposible de distinguir al estar practicado entre los labios del toro.

El jarrón trucado de la fotografía de la izquierda, con forma de cabra, fue fabricado en torno al siglo XI a.C. (1050-950 a.C.). A la derecha, jarra trucada del período chipriota arcaico (s. VIII-VII a.C.). The Metropolitan Museum of Art, Nueva York.

De algunos siglos después son los primeros ejemplos de vasijas trucadas. Se trata de recipientes de una sola embocadura, habituales en ese período, pero en los cuales el orificio para la salida del líquido es muy estrecho y no existe otra (aparente) boca de llenado. Para quien desconozca el funcionamiento, no es posible comprender cómo la vasija puede rellenarse, pues el trucaje se halla oculto en la parte inferior, en la base. Es allí dónde se encuentra el agujero de entrada del líquido que permite llenar la jarra por inmersión. Su origen se remonta a finales del segundo milenio, durante el período protogeométrico, fase incipiente de la cultura griega. Aunque los motivos desenfadados que adornan algunos de estos jarrones permiten suponer alguna aplicación lúdica (véanse las vasijas de la página anterior), es de nuevo Filón de Bizancio, al incluir la explicación del trucaje en su manual, el que descubre su potencial carácter ilusionista: El recipiente que él presenta tiene un complemento para ofrecer dos posibles aplicaciones. Según se observa en la ilustración de la página siguiente, añade una boca de llenado. Pero es, en realidad, falsa, sólo para gastar una broma a quien quiera rellenar la jarra. Si alguien lo intentase, como la boca está conectada con el agujero del fondo, el agua caería por la parte inferior, mojando a la víctima.

Este efecto también está reflejado en hallazgos arqueológicos en Beocia y Ática (Grecia), igualmente remotos pero posteriores y pertenecientes ya a la cultura griega continental (siglos VI y V a.C.). La jarra expuesta por Filón es una evolución que incorpora los dos efectos. Por lo demás, el trucaje es igual al de los jarrones. Para rellenar la jarra habría que hacerlo por inmersión. Al sumergirla en el líquido, este asciende por el tubo y lo rebosa, llenando el espacio entre el tubo y las paredes de la jarra. Filón no aclara si el objetivo en este segundo caso es también una broma, disfrutar de una curiosidad física o un efecto ilusionista. De ser esta última opción, la más probable pues presenta el efecto como una jarra para maravillar, estaríamos ante un hito en la historia del ilusionismo: la jarra de engaño sería el efecto mágico más antiguo del que se conoce su ejecución y explicación.

[…] *Cuando el agua se vierte en este recipiente, sale por la parte inferior, porque las cribas se corresponden entre sí. Pero si se sumerge en el agua, se llena porque el líquido se mantiene alrededor del tubo* […] (Filón de Bizancio, *Neumática*). Reproducción de Clara Gallego (2019) de la ilustración para *Le livre des appareils pneumatiques et des machines hydrauliques*, de Filón de bizancio (1902, traducción de Carra de Vaux)

Avanzando el tiempo, del siglo VII a.C. es otra jarra trucada procedente de la isla napolitana de Isquia (Italia), con un objetivo ilusionista probablemente bastante más ambicioso. Simula ser una bonita vasija para servir agua o vino, pero unos agujeros en el asa permiten manejar a voluntad el flujo de líquido. Quizá funcionara como jarra del Agua de la India, el recipiente aparentemente vacío antes comentado que, sin embargo, sirve líquido continuamente.

Una tercera obra cerámica ligada estrechamente al ilusionismo es el curioso objeto procedente de Corinto (Grecia). Consiste en una copa trucada del siglo VI a.C. con un regordete comasta (celebrante del dios del vino Dioniso) sosteniendo una vasija en forma de cuenco. La copa hace aparecer mágicamente vino cuando el operador lo desea.

En el vaso trucado corintio de un comasta (600-570 a.C.) hay tres agujeros. Uno en la parte inferior del cuenco que sostiene el comasta, y dos en la propia estatuilla, que es hueca. Salvo por la existencia del tercer agujero, probablemente para facilitar el llenado y vaciado de la estatuilla, su funcionamiento sería similar al ritón de Cnosos: el vino se halla oculto en el interior del comasta. Cuando se destapa el agujero que posee detrás de la cabeza, el aire entra, desplaza al vino, y este aparece «mágicamente» en el cuenco. También podría realizarse al revés, vertiendo vino en el cuenco y haciéndolo luego desaparecer. Variantes de esta última opción (copas ladronas) aparecerán posteriormente en el manual de Filón de Bizancio (s. III a.C.). Museo del Louvre, París.

La copa comasta y el resto la cerámica expuesta dejan una valiosa conclusión que, de nuevo, da fe de la antigüedad de los trucajes ilusionistas: para el siglo VI a. C, cuando Grecia aún se hallaba en la etapa arcaica de su historia, era ya una realidad desde hacía siglos la fabricación de objetos trucados de cerámica y la existencia de cierta variedad en los efectos conseguidos.

Poco tiempo después, con el gusto por el ocio extendido por polis y colonias de la Magna Grecia, las actividades de entretenimiento estuvieron firmemente asentadas. Refinamiento y creatividad prosperaron durante el siglo de oro de la cultura griega, el V a.C., extraordinario para la filosofía, la literatura y, por supuesto, para las artes escénicas. El ilusionismo se benefició de aquel clima propicio porque, desde al menos el siglo IV a.C., ya dispuso de nombres propios destacados por su destreza en la ejecución de prodigios.

Tres ilusionistas de la corte de Alejandro Magno, Filístides de Siracusa, Heráclito de Mitilene y Escimno de Tarento, amenizaron con fantasías el suntuoso banquete de bodas del conquistador en Susa. En aquellas celebraciones, Alejandro y ochenta de sus hombres se desposaron con hijas del rey Darío III y de los más importantes nobles persas. Claudio Eliano añadió en su crónica que aquellos ilusionistas fueron superados por los llegados de la India (16).

En torno a ese siglo destacaron varios magos más. De uno queda el nombre, Ninfodoro, y de los que actuaron en otra boda macedonia tan solo la mención. Pero debían lucir fama de excelentes porque fueron contratados para una espléndida fiesta en la que hubo un derroche de valiosos regalos y sorpresas. Compartieron gala con atractivas mujeres acróbatas que danzaron sobre espadas a la vez que escupían bocanadas de fuego (17).

El texto de *El banquete de los eruditos*, la obra que mantuvo el recuerdo de estos magos, se expuso en forma de simposio. Con este recurso, un coloquio entre comensales de un banquete, Ateneo proporcionó una imponente cobertura histórica al memorial de gustos, bienes culturales y costumbres del mundo clásico. La fortuna permitió que quisiera incluir el ilusionismo y, con ello, corroboró su temprano desarrollo como arte de entretenimiento. Mencionó a más ilusionistas, entre otros a Jenofonte y Cratístenes de Fliunte, el primer caso de maestro y alumno. En un arte tan remiso a revelar sus secretos, debió ser natural que, quien quisiese adentrarse en él, hubiera de ganarse la confianza de un veterano dispuesto a transmitir conocimientos guardados con celo. Cratístenes heredó el buen hacer de su preceptor y, como él, obtuvo la admiración de sus coetáneos y asombró al público con numerosos efectos de magia. Aunque el único recordado, por haberlo señalado Ateneo, fue su aludido poder para crear fuego.

> Era igualmente admirado Jenofonte el ilusionista, que dejó un discípulo, Cratístenes de Fliunte. Este hacía que el fuego se encendiera espontáneamente, y urdía otros muchos trucos, con los que turbaba el juicio de los hombres.
>
> *El banquete de los Eruditos*, libro I, 19 EF

Con un efecto también visual, Diopites de Lócride causó sensación y alcanzó la fama. La destreza de la que hizo gala consistió en beber vino y leche y, después, expulsarlos a voluntad del público. La crónica revela el secreto, sin especificar si lo hace en base a suposiciones o a datos más concluyentes: el procedimiento se asentaba en el manejo, desde el interior de la vestimenta, de unas vejigas, cada una con un líquido diferente (19).

Del siglo IV a.C. son asimismo otras dos jarras trucadas procedentes de Etruria, Italia, que también funcionarían como jarras del efecto Agua de la India. No mucho después de que fuesen fabricadas, Filón de Bizancio, comentaría que el efecto ejecutado con ellas se llama «ladrón de vinos», por ocultarse el vino o no a voluntad de quien lo escancia (es el primer nombre conocido del número del Agua de la India). La versión de Filón, más moderna que la de las jarras de Etruria, es igual en el efecto y el principio que lo sustenta, pero la jarra que él explica posee dos grifos.

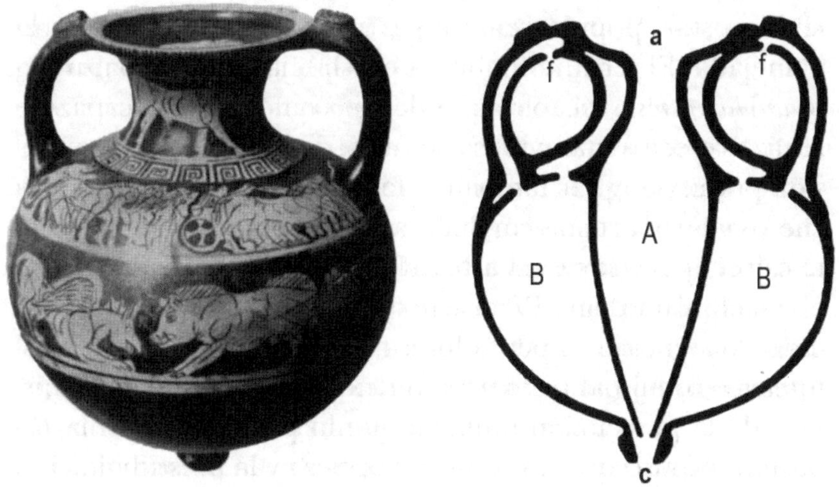

Las jarras etruscas funcionan como sigue: el espacio B ocupa la mayor parte de la jarra. Sólo se conecta al exterior por el agujero c y por un orificio f situado en la parte inferior de cada una de las asas, que son huecas. Si se vierte líquido por la boca de la jarra (a), no es retenido porque atraviesa el embudo y cae por c. Para llenar la jarra hay que sumergirla totalmente en el líquido, manteniendo los orificios de las asas destapados para que entre el líquido. Una vez llena, se tapan los orificios y se extrae. La parte que haya quedado dentro del embudo no es retenida, pero sí toda la que ha entrado en B. Aunque, aparentemente, la vasija parecerá vacía, cuando el usuario lo desea, destapa las tomas de aire y sale agua o vino por la parte inferior. «Eine Zaubervase im Allard Pierson Museum zu Amsterdam» para la revista *Mnemosyne* (Snijder, 1937).

Unidas, todas las ilusiones con recipientes mencionadas corroboran la amplia distribución de este tipo de números en la cuenca mediterránea: de Italia son las jarras citadas (Etruria) y la napolitana comentada anteriormente; Filón, cuya *Neumática* incluyó desconcertantes juegos con líquidos y vasijas trucadas, es de Bizancio (Turquía); Herón, con números similares, es de Alejandría (Egipto); el vaso comasta es de Corinto (Grecia); y los jarrones de engaño fueron fabricados en varias polis griegas.

La producción literaria conservada de los autores griegos es sustancialmente mayor a partir del siglo IV a.C. Como consecuencia, aumentan proporcionalmente desde entonces las referencias sobre ilusionismo. Evidentemente, la palabra «ilusionista», popularizada a partir del siglo XX, no era la manejada. El término habitual en Grecia fue «taumaturgo» (*thaumatopoiós*), vocablo para designar a quien era capaz de realizar efectos maravillosos o fuera de lo normal. La expresión podía designar también a faquires, contorsionistas, titiriteros y otros artistas con habilidades especiales del sugerente cajón de sastre de las artes afines.

En el mismo siglo IV, el arte de la recreación de prodigios captó la atención de pensadores célebres como Platón o Aristóteles e indujo al primero a reflexionar sobre los mecanismos de la percepción humana que lo posibilitan. En la *República*, supuso que las ilusiones ópticas y la prestidigitación se apoyan en debilidades de la capacidad de percepción de la naturaleza humana. La neurociencia, mucho tiempo después, confirmó que no andaba desencaminado. Y respecto a Aristóteles, el insigne discípulo de Platón, veremos en páginas siguientes cómo salpicó su obra con alusiones esenciales a importantes efectos de la antigüedad. El corpus aristotélico incluso incorpora, en *Económicos* (s. IV-III a.C.), una interesante cita sin filiación inicialmente asignada por error a él y, por ello, fácil de encontrar. Ratifica la consolidación de las actividades artísticas en el mundo clásico. Tan firme fue que la ciudad de Bizancio recurrió a ellas como fuente de impuestos. Según la reseña, ante la falta de liquidez, optó por exigir a los artistas, incluidos los taumaturgos, la tercera parte de sus ingresos.

Roma no conservó registros tan antiguos, pero de su lengua, el latín, proviene otra decana aportación al ilusionismo de entretenimiento. Se trata, precisamente, de la palabra «prestidigitador», utilizada ya con naturalidad en el siglo III a.C. (26). El término original fue *praestigiatorum*, del que después surgió «prestigiador», vocablo universal hasta que, durante el siglo XIX, se popularizó en algunas lenguas la actual derivación prestidigitador.

A partir del siglo III a. C, los vestigios encontrados son numerosos, se estudiarán a continuación, pero limitan su ámbito a las civilizaciones de la cuenca del Mediterráneo. Sin embargo, la práctica del ilusionismo conoció pocas fronteras. En Persia, el ocio estuvo difundido y valorado. Teofrasto (s. IV a.C.) comentó la existencia de proclamas oficiales premiando generosamente a quienes idearan nuevos entretenimientos. Y, en el siglo II, el coemperador Vero, amigo de hacerse acompañar en las campañas militares de gente de la farándula, capturó en la guerra en Oriente un séquito de malabaristas, músicos y prestidigitadores tan numeroso que, según el cronista, *daba la impresión de que hubiera concluido una guerra contra artistas, más que contra Partia.*

De la India llegaron los ilusionistas que deleitaron a Alejandro Magno. Y de China una valiosa crónica: es posible que, entre los primeros ciudadanos romanos que la visitaron, hubiese malabaristas que practicaran trucos de magia. La relación entre Roma y China existía desde hacía siglos, pero era indirecta, a través de la ruta de la seda, producto enormemente valorado en Roma y Occidente. Sin embargo, a comienzos del siglo II unos artistas llegaron a la corte China enviados por el gobernador de Shan, actual Myanmar (Birmania). Aparece reflejado en el *Hou Han Shu*, o *Libro de los Han posteriores,* redactado en el siglo V por el historiador Fan Ye en base a documentos previos.

El libro, esencial por recoger sucesos de trascendencia de la última dinastía Han, refiere que, hacia el año 120, el emperador chino recibió una delegación con artistas. El cronista especifica que algunos de ellos realizaban prestidigitaciones y decían proceder del Mar Occidental (el Mediterráneo). Aunque los especialistas difieren sobre el lugar concreto del territorio romano al que pudiera referirse —quizá Egipto—, es un comentario de enorme valor, pues reconoce al arte mágico el suficiente virtuosismo como para pertenecer a la selección de maravillas preparadas para el soberano. Y regala a los ilusionistas, a falta de registros más antiguos, el mérito de integrar el grupo de los primeros artistas occidentales recibidos en palacio por el gran emperador de China.

TIPOS DE EFECTOS ILUSIONISTAS

Los textos griegos y romanos permiten indagar en los juegos que compondrían un espectáculo de magia. Tenemos noticias de, al menos, seis libros con explicaciones de secretos ilusionistas: Las dos «Neumáticas», de Filón de Bizancio y Herón de Alejandría, abundantes en trucajes; los efectos con espejos incluidos en *Catóptrica*, también de Herón de Alejandría; el libro perdido de Celso y el redescubierto de Hipólito de Roma, dedicados a los fraudes de la magia pagana, pero, con números aplicables al entretenimiento; y el de Anaxilao de Larisa, igualmente perdido, pero referenciado por varios autores.

De los dedicados principalmente al ocio, el más veterano es el de Filón de Bizancio, del siglo III a. C, analizado en el capítulo 7 junto con la *Neumática* de Herón de Alejandría. El siguiente pertenece a Anaxilao de Larisa, filósofo y científico nacido en Tesalia en el siglo I a.C. Amante de los compuestos químicos y sus reacciones, se dijo de él que el emperador Augusto ordenó su exilio por practicar magia. También le cita San Ireneo, comentando que el gnóstico Marcos, el Mago, utilizaba sus efectos con objeto de embaucar a los devotos (29). Parece cierto que utilizara sus descubrimientos para impresionar con prodigios propios de los magos. Sin embargo, en un libro perdido expuso cómo hacerlo, circunstancia que le aleja del tono milagrero al que pretende acercarle las citas del párrafo anterior.

Ya, el título con el que se designó al libro, Παίγνια (*paignia*), cuya traducción sería similar a «entretenimientos» o «juegos», elude cualquier tono esotérico. A medio camino entre la química recreativa y los efectos ilusionistas, algunas de las experiencias son citadas por Plinio, quien tiene en Anaxilao una de sus fuentes. El autor romano explicaba que Anaxilao se divertía vertiendo tinta de sepia sobre candiles para que la luz hiciese parecer negros a los presentes. En una variante similar, colocaba sobre el fuego un vaso con azufre. La llama creada imprimía una palidez terrorífica a los concurrentes, semejante a la que adquirirían si estuvieran muertos (29).

A este campo, el de los efectos químicos con resultados aparentemente mágicos, se le sacó bastante partido. Algunos aparecieron con esta intención en algún manual de miscelánea que ha sobrevivido al paso milenario del tiempo. Es el caso del trucaje de un huevo para revelar en él, en forma de inscripción, una adivinación o una predicción (49).

Dispusieron de buenas opciones los números con fuego, los efectos con líquidos y la hoy conocida como rutina de bolas y cubiletes. La importancia de los dos últimos obliga a su análisis específico en epígrafes siguientes.

Existe también constancia de números mágicos con espejos. Uno sencillo y de impacto fue la aparición de la luna, también explicado en *Refutación de todas las herejías.* Su secreto se basaba en el reflejo de la llama de una vela en un espejo situado en el techo de una habitación muy poco iluminada.

Con los espejos probablemente se llegara lejos. Sus propiedades, esenciales en las grandes ilusiones, se conocían en profundidad. La aplicación imaginativa en la creación de efectos ópticos impresionantes quedó reflejada en, al menos, una obra: la mencionada *Catóptrica* de Herón (s. I a.C. - I d.C). Quienes lo ejecutaran habrían alcanzado un nivel en el manejo de ilusiones visuales escénicas no igualado hasta bastantes siglos después, en el Renacimiento.

Los efectos ópticos ilusionistas descritos en *Catóptrica* (33) no son abundantes, pero sí sobresalientes. Los hay sencillos e ingeniosos, como el método para hacer aparecer o desaparecer un objeto. El manual explica cómo ubicar un cuerpo para observar, no el objeto real, sino su imagen a través del espejo: con cera se tapa el punto del espejo donde se refleja, con lo cual parecerá no estar; cuando procede, se quita la cera y el objeto aparece. Otro efecto es el creado combinando dos espejos, uno que queda fijo y otro móvil. El móvil bascula sobre el lado horizontal superior del fijo, formando ángulo con él. Con esta construcción, Herón explica cómo conseguir simular que, de la cabeza de Zeus surge Atenea: una figura de Zeus se halla colocada enfrente del espejo fijo, reflejándose en él. El extremo superior de la cabeza coincide con el borde superior del espejo. Atenea se coloca justo encima de la cabeza de Zeus, pero no se ve su reflejo porque el espejo superior móvil está inclinado ligeramente hacia atrás. A medida que se hace rotar este hacia el espectador, Atenea parecerá surgir de la cabeza de Zeus. Con este procedimiento, también se podía aparentar la multiplicación de cabezas humanas y animales, la fusión de ambas, la producción de dedos y otras extremidades, etc.

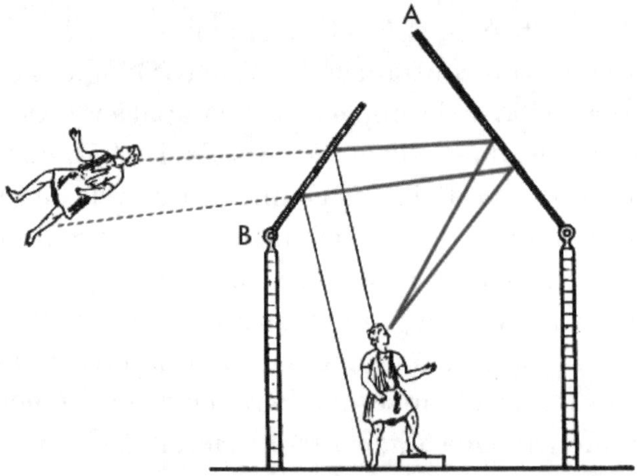

Con el siguiente trucaje se conseguía que un observador tuviera la sensación de ver su imagen volar. Por encima del receptáculo donde se encontraba, se hallaban colocados dos espejos inclinados, uno de ellos móvil (supongamos que es el izquierdo, capaz de bascular en torno a B). Si la persona miraba a su derecha y hacia arriba, la imagen que veía (A) no era la reflejada por la parte delantera de su cuerpo, sino la proyectada por su espalda en el otro espejo. Esto en sí ya era curioso. Pero si el espejo de la izquierda se movía hacia arriba o hacia abajo, la imagen parecía desplazarse en el aire y volar. Ilustraciones de *Herons Von Alexandria. Opera quae Supersunt omnia* (Leizpig, 1900).

Dos efectos más permiten crear la ilusión de volar. El primero combina un espejo móvil con otro fijo para producir la sensación de que es el propio espectador el que vuela. El segundo, que recrea la aparición mágica de personajes o imágenes en un escenario, ha recobrado protagonismo en la actualidad. La versión del siglo XXI, más tecnológica, permite a cantantes o compartir escenario con artistas ya fallecidos o a miles de kilómetros de distancia.

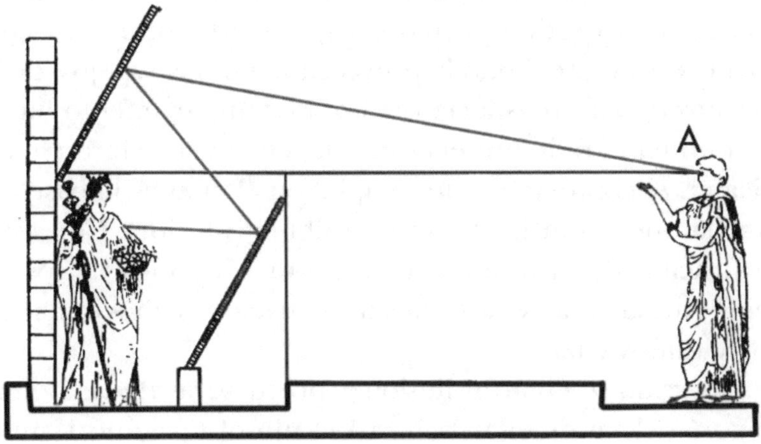

El método de *Catóptrica* para realizar una de las mejores ilusiones ópticas creadas en un escenario, la aparición real de personas o imágenes, es prácticamente idéntico al utilizado hasta el siglo pasado. La única variación es que Herón utiliza tan solo una altura, la del escenario (la de los siglos XIX y XX utilizaba también una planta inferior bajo el escenario). Ilustraciones de *Herons Von Alexandria. Opera quae Supersunt omnia* (Leizpig, 1900)

El sistema queda explicado en el dibujo superior de la página anterior. El espectador (A), cuando mira el escenario, observa en realidad la proyección, en dos espejos, de lo que sucede en un espacio oculto. El compartimento ha de estar enmascarado por el atrezo del escenario. Herón lo explica en el contexto de un templo, en el cual es la base del altar la que camufla el secreto (dibujo inferior). Con esto, en función de la iluminación, altura y ángulos de los espejos, podía crearse ilusiones de apariciones, movimientos, flotaciones y vuelos.

Asimismo se crearon ilusiones precursoras de las fantasmagorías. Una de ellas la narró el filósofo pagano Damascio. No expuso en qué se basaba, pero fue claramente una proyección óptica, motivo por el que se expone aquí, a pesar de pertenecer a la magia de los dioses. Explicó que, sobre la pared de un templo de Alejandría, apareció una imagen, inicialmente alejada y difusa. Poco a poco fue acercándose, ampliando su tamaño y definiendo sus facciones hasta distinguirse un ser divino, al que los ciudadanos de Alejandría honraban como a un dios (57).

> Apareció, en el muro del templo, una masa de luz, en un principio muy lejana. Al acercarse se fue transformando en una figura ciertamente divina y sobrenatural, de rostro severo, pero mezclado con dulzura y de una extremada belleza. Según las enseñanzas de una religión misteriosa, los habitantes de Alejandría le rendían honores como a Osiris y Adonis.
>
> DAMASCIO, *Vida del filósofo Isidoro*, 242

PASEN Y VEAN. MAGIA EN CALLES, CELEBRACIONES Y TEATROS

La confluencia de habilidades mágicas y circenses fue frecuente. En sintonía con la proeza con fuego ejecutada por las jóvenes de la boda macedonia, platos y vasijas griegos muestran a malabaristas transitar por la cuerda floja al tiempo que tocan un instrumento musical o realizan prodigios y acrobacias imposibles. El retórico Quintiliano se hizo eco de las maravillas de algunos virtuosos, consistentes en que los objetos que manejaban se dirigían a los lugares que estos les ordenaban (38).

Clavarse un arma afilada y extraerla sin perjuicio pertenece también a la confluencia de habilidades malabaristas e ilusionistas. *El asno de oro,* conocida como «Metamorfosis de Apuleyo», es una amena novela picaresca del siglo II con tintes quijotescos. Describe las extravagantes aventuras de Lucio Apuleyo, joven en busca del secreto de la magia transformado en asno al aplicarse un ungüento equivocado que debería haberlo convertido en búho. Había visto a Pánfila, bruja de Tesalia, realizarlo con éxito en una escena que reproducía la conexión de brujas y brujos con lechuzas y aves nocturnas, ya entonces muy popular. Un siglo antes, Ovidio atribuía a Dipsas, otra bruja, la misma facultad de mutación: *tengo la sospecha de que, convertida en pájaro, revolotea a través de las sombras de la noche…*

El primer capítulo sitúa a Apuleyo concentrado en narrar algunos de los acontecimientos mágicos de los que fue testigo camino de Tesalia. Quedó maravillado por un acto de ilusionismo presenciado en Atenas, con final asombrosamente mágico. El sujeto en cuestión, un artista de los que denominaríamos de calle, inició el número tragándose una espada afilada. Comenzó por la punta y la digirió sin demasiados aspavientos. El público premió su prodigio con algunas monedas y él prosiguió con un efecto aún más pasmoso, de los que a buen seguro estimuló la generosidad del gentío: agarró una lanza, la introdujo por su ingle, la empujó y la lanza surgió por la parte posterior de la cabeza, a la altura de la nuca. Indemne ante semejante proeza, la función finalizó con un niño que apareció, trepó por la lanza y dio alguna que otra voltereta final (48).

Las celebraciones particulares y banquetes constituyeron otra excelente vía para asombrarse con efectos ilusionistas. No sólo lo destaca la cita ya comentada de las bodas de Susa, o la que ha de llegar del retórico Frontón (44), sino también el hecho de que dos de las descripciones más detalladas de simposios (banquetes) que nos han dejado los clásicos —la de Ateneo y otra aparecida en el *Satiricón*, la más antigua novela en latín conservada— exponen números de ilusionismo. Esta última narra el banquete celebrado por el rico liberto Trimación. En una de las mesas a disposición de los comensales, una imagen del dios fálico Príapo sostenía en su regazo varias tartas con frutas de diferentes tipos. Cuando los invitados quisieron cogerlas, al tocarlas, surgieron de ellas chorros de agua (40).

Ambas tipologías, las exhibiciones callejeras y las fiestas privadas, no fueron el único medio para mostrar habilidades. Los artistas también aprovecharon las comitivas que acompañaban a los ejércitos y, desde muy pronto, los teatros.

Las reseñas acerca de actuaciones en escenarios teatrales dan a entender que no era algo puntual. Plutarco se hizo eco de la frase burlona de un ateniense contemporáneo del rey Agis (s. V a.C.). Decía que portaban dagas tan pequeñas, que un prestidigitador podría tragárselas fácilmente en un teatro. Y más concluyente es *El banquete de los Eruditos* en su comentario donde aparecen los ilusionistas, en el que Ateneo da la sensación de que el teatro es el principal espacio de referencia; incluso realza sus observaciones con nombres de artistas recordados con estatuas en los propios teatros. La variedad es amplia. Hay un titiritero, un ventrílocuo y Teodoro, un prestidigitador.

Algunos de los teatros citados estuvieron entre los de mayor relevancia. El texto indica, tal vez como leve reproche, que Potino (el titiritero) realizó sus funciones en el mismo espacio en el cual Eurípides interpretó sus obras, es decir, en el teatro de Atenas. Y, Apuleyo, al comienzo de una alocución en el teatro de Cartago, recuerda que en aquel espacio se exhibían una amplia gama de actividades, entre ellas las de los prestidigitadores.

Alcifrón es el nombre de un escritor griego del siglo II del que casi nada se sabe. Tan solo ha llegado parte de su obra, redactada en forma de cartas. Una de ellas es una contribución doblemente esencial. En primer lugar, porque incluye la más antigua descripción de una rutina mágica con bolas y cubiletes; y en segundo, porque une el ilusionismo con el teatro de modo irrefutable. Lo más significativo de las cartas de Alcifrón es la exposición de personajes y retratos costumbristas de la época. El texto estaría basado en algún acontecimiento real, el cual, por los pormenores expuestos del episodio, probablemente contempló en vivo o conoció de primera mano.

Ilustración del teatro de Dioniso, en Atenas, el más importante de la antigua Grecia. Los teatros tuvieron un importante componente trágico y religioso, de forma que, a veces, no se comprendió su utilización para actividades consideradas menos relevantes, como las de funámbulos, titiriteros y prestidigitadores. *Enciclopedia Joseph Kürschner* (editor, 1891).

El supuesto autor de la carta es un aldeano en visita comercial a la ciudad. Tras vender su mercancía, se hizo acompañar al teatro para disfrutar de una gala. De las actuaciones, el número que más le impresionó fue el de un ilusionista. Casi inadvertidamente, una frase de la carta reveló la acertada elección que hizo el artista del espacio elegido para actuar. No en el escenario propiamente dicho (el *scene* griego o escenario), sino en la pista circular (orquesta) que los teatros tenían en su base. Los magos conocemos el sentido de proceder así, pues un número como el de los cubiletes requiere proximidad al público para que se perciban bien los pases y los espectadores queden a la misma altura o por encima del velador. El lugar es ideal, también, porque centra todas las miradas y el prestidigitador tiene accesibles a las personas del público que luego necesitará.

Existe otro elemento hipnótico en la carta. De sustituir las piedrecitas de las que habla por bolitas, podría estar describiendo un número actual, ya que no son pocos los detalles que le hacen moderno: la actitud limpia del ilusionista, acercándose al centro de la pista, colocando el velador y, sin más, asombrando con un número directo y mágico; los movimientos y detalles in crescendo de la rutina; la finalización con unos pases, literalmente, en la misma cara de tres espectadores voluntarios que, a buen seguro, ratificarían con su sorpresa la fuerza mágica de las apariciones y desapariciones; y hasta las descripciones finales aparentemente exageradas de quien relata el número, habituales sin embargo, en quien realmente cree haber presenciado algo verdaderamente mágico. Tanto por la ubicación del artista en el teatro como por la ejecución del número y el efecto en el público, la descripción de Alcifrón es verosímil, y a la vez descubre, en la exposición de detalles, que el artista cuidó la gestión psicológica de las sensaciones mágicas.

Finalmente, aparte de las actuaciones, existió otro modo de disfrutar de ilusiones mágicas en un teatro: los efectos especiales creados para la representación de obras.

Los espectáculos teatrales griegos se sustentaron en la excelencia de grandes dramaturgos como Esquilo, Sófocles, Eurípides y Aristófanes. Disfrutarlos primó criterios que permitieran presenciarlos sin grandes contrariedades. Fueron características la disposición en hemiciclo de las gradas, la atención a los espacios de interpretación (orquesta y escenario frontal) y el esmerado cuidado dispensado a la acústica, en la práctica extraordinaria y capital en teatros al aire libre. El interés, lógicamente, giraba en torno al contenido de la obra, pero una serie de elementos técnicos secundarios ampliaban la vistosidad de las producciones y permitían colarse a los efectos especiales. Según Vitruvio, en el siglo V a.C. ya estaba avanzado el análisis, en base a estudios de perspectivas y líneas de fuga, de cómo acometer en los decorados la sensación de edificios reales, o de cómo crear la ilusión de distintos grados de proximidad en los objetos.

De igual modo, la implantación de maquinaria teatral fue temprana. Una grúa conocida como *deus ex machina* introducía por el aire a personajes o los sustraía de la escena; el *eccyclema,* versátil plataforma móvil que giraba sobre sí misma, permitía cambios de mobiliario, de decorado o de actores; al hacer rotar el *bronteion,* un recipiente con pequeñas vasijas de metal que albergaban piedras en su interior, provocaban imponentes sonidos; y, girando a gran velocidad el *keraunoskopeion,* un prisma de tres caras, dos pintadas de negro, creaban el efecto de aparición de centelleantes rayos, dibujados en la tercera. Contaban además con trampillas, escaleras y otros complementos técnicos para dar ritmo y expresión al movimiento escénico.

Tal despliegue escenográfico facilitó la popularización de los efectos especiales. Séneca consideró a los tramoyistas ejemplo de artistas del entretenimiento, celebrando su ingenio para impresionar a quienes desconocían las causas de los efectos teatrales. Y existe constancia de montajes atrevidamente imaginativos, excesivos y caros. Tito Livio reprochó las desmesuradas sumas gastadas en funciones teatrales, difíciles de pagar hasta por las naciones mismas.

Hubo también efectos especiales sencillos. Por los datos registrados, la daga falsa estuvo entre los más comunes y admitió variantes. La más básica consistía en una navaja real despuntada y con el filo eliminado. Bien manejada podía ser convincente. En el *Satiricón,* uno de los presentes da un susto de muerte al relator cuando, aparentemente, se suicida apuñalándose en el cuello (41). Otra novela, *Leucipa y Clitofonte* (s. II), ofrece una versión más visual, la del puñal o espada retráctil. La explicación que hace del secreto incorpora la idea de acoplar a la supuesta víctima un vientre falso con entrañas de animales. Al fingir clavarla en una persona, la daga se retrae, pero no del todo. Queda la punta, que sirve para rajar la vejiga e impresionar al espectador con una realista y macabra sensación de destripar al sujeto (41).

Los propios actores dispusieron de efectos especiales con los que causar impresión. Se dijo de uno de estos recursos que presagió el asesinato de Calígula, motivo por el que quedaría registrado y hoy lo conocemos. Sucedió el mismo día de la muerte del emperador. Durante la representación de una comedia, un actor interpretó un papel en el que vomitaba sangre. Tan visual logró ser que alentó una espontánea y morbosa competencia de otros artistas secundarios para determinar quién simulaba mejor dicha habilidad. El escenario quedó teñido de rojo, augurio a posteriori del magnicidio consumado horas después (37).

MAGIA DE CERCA. LOS DADOS

Las referencias anteriores sirven de espléndidos vestigios para entender el alcance y avance del ilusionismo como entretenimiento en el mundo antiguo, pero dejan fuera una de las especialidades más queridas de los magos actuales: la magia de cerca.

Hasta la Edad Media no aparecieron los naipes, soporte de la cartomagia, la rama del ilusionismo con mayor número de adeptos y efectos. La ausencia quedó parcialmente paliada por la existencia de juegos de azar, en su mayoría lo suficientemente prácticos y atractivos como para permanecer todavía hoy en activo. Es el caso de las tabas, pares y nones, cara o cruz, la morra o, el juego estrella de la antigüedad: los dados.

El recurso al engaño y al truco fue usual. Cicerón reflexionó sobre la naturaleza tramposa de los juegos de azar, nacidos para buscar ganancias bajo el supersticioso pretexto de la suerte. Al igual que sucedió con las prevenciones frente a la magia, las advertencias tuvieron escaso éxito y, de una parte, el atractivo de adquirir riqueza con un golpe de fortuna, y de otra, el de desvalijar a quienes lo intentaban, favoreció el desarrollo de las trampas de juego.

Estatua de una niña jugando con las tabas (130-150 a.C.).
Altes Museum, Berlín (©Matthias Kabel).

Un entretenimiento enormemente popular fueron las tabas, huesecillos de la pata de determinados animales con dos caras planas. Estuvo rodeado de fullerías e hizo sonado el cínico dicho de que se debe engañar a los niños con las tabas y a los hombres con juramentos.

Los juegos de azar entusiasman desde hace miles de años. El ánfora de Exequias (s. VI a.C.) reproduce a Aquiles y Ajax, héroes de la guerra de Troya, tirando los dados durante un descanso. Museos Gregoriano Etrusco, Ciudad del Vaticano (©Sailko).

Aún más célebres fueron los dados. Su origen es desconocido, aunque se ha postulado su evolución a partir de las tabas. No obstante son antiquísimos. Los cita uno de los más remotos textos conservados en lenguaje indoeuropeo, el *Rigveda*, conjunto de himnos sagrados de la India. Compuesto durante el II milenio a.C., el *Rigveda* no se limita simplemente a nombrar el juego, sino que en diferentes *suktas* (himnos), alerta sobre los riesgos que supone para la profesión, bienes y prosperidad de jugadores y sus familias:

> Los dados, de verdad, están armados con aguijones y anzuelos, engañando y atormentando. Dan dones frágiles y luego destruyen al hombre que gana.

El *Rigveda* llega a dedicar un *sukta* completo a prevenir contra los peligros del juego y expone en sus versos lo enraizado que los dados estuvieron en la cultura india para la fecha de composición de los himnos (4).

Si es cierta la historia que cuenta Plutarco, en Persia, hacia el siglo V a.C., ya existían buenas técnicas de manejo de los dados. Las habría utilizado a su favor Parisatis, madre de Artajerjes II y Ciro el Joven, hermanos enfrentados por el trono de Persia. Plutarco describió las espantosas torturas que Parisatis infligió a varios súbditos participantes en la muerte de Ciro el Joven, su preferido como rey. Pero aún le quedaba vengarse del eunuco que cortó las manos y cabezas de Ciro para confirmar su muerte a Artajerjes. Un día que vio ocioso a su hijo le propuso apostar una importante cantidad de oro a los dados. Permitió ganar a Artajerjes y, fingiendo contrariedad, le propuso una revancha. El premio para quien ganara sería la propiedad de uno de los sirvientes al servicio del que perdiese.

Gracias a su pericia con los dados, Parisatis ganó esta vez la partida, solicitó como premio al infeliz eunuco y, antes de que Artajerjes cayera en la cuenta de la estratagema de su madre, esta dio al sirviente una muerte atroz.

Algo posterior a la partida diestramente ganada por Parisatis es la transcripción del *Mahabharata*, otra obra literaria esencial en la tradición religiosa y cultural de la India, probablemente basada en tradiciones orales muy anteriores. El *Mahabharata* testimonia también la existencia de manejos habilidosos y fraudulentos con los dados. El texto narra el enfrentamiento entre los Pándavas y los Kauravas, dos familias de primos. Yudhishthira, el miembro más virtuoso de los Pándavas, tenía, sin embargo, un defecto: el gusto por el juego. Lo aprovechó, en el otro grupo familiar, Sakuni, jugador ladino imbatible con los dados. Propuso a Yudhishthira una partida, este la aceptó de buen grado... y lo perdió todo, riquezas, reino, hermanos y esposa.

Los juegos con dados prosperaron también en Roma. A pesar de estar prohibidos en apuestas, afloró un lucrativo negocio en torno a su uso. Lo insinúa, no sólo el hallazgo de la lápida de un tal Lucilio Vitorino, experto artesano en la fabricación de dados, sino el hecho de que la afición alcanzó a todas las capas de la sociedad. Como consecuencia, generaron trifulcas, abusos y la lógica ruina del patrimonio de muchos. Varios emperadores quedaron atrapados por ellos, apostaron fortunas y, en el caso de Ptolomeo III, puede que hasta la vida (de los demás). Se decía que jugaba a los dados mientras decidía a qué acusado condenaba a la pena capital y a cuál no. Berenice, su esposa, le hizo comprender que tirar los dados no era igual que tirar vidas, y dejó de hacerlo.

No han subsistido ejemplos de trampas concretas, si bien varias referencias literarias reiteran la existencia de técnicas manipulativas para controlar tiradas de dados y tabas. Y existe al menos una cita aludiendo a manuales de juegos de azar que explicarían como asegurar determinadas jugadas o lograr los puntos deseados (28).

Disponer de tabas y dados trucados evitaba depender en exceso de destrezas manipulativas, o las aprovechaban al máximo en manos técnicamente entrenadas. Un trucaje sencillo consistía en alterarlos durante su fabricación. Al ser habitualmente de hueso, se hacía fácil confeccionarlos de manera que las partes más ligeras y porosas quedaran enfrentadas a las más pesadas. En las primeras se tallaría el seis para aligerarlo aún más y en las últimas el uno. De esta forma, el seis tendría mayor probabilidad de quedar arriba.

Una *turricula* de bronce, aparato romano para evitar lanzamientos tramposos. Los dados se dejaban caer por la parte superior y al llegar a la inferior giraban al azar por los escalones de la base. Rheinisches Landesmuseum, Bonn.

Profesional y más seguro era cargarlos. La técnica se desarrolló muy pronto porque, en el siglo IV a.C., Aristóteles ya cita con naturalidad los dados plomados (15). Se lograba practicando una cámara interior desde el pequeño hueco horadado al tallar el punto del uno, rellenándola después con plomo. En el lado opuesto, desde uno de los seis puntos, se perforada otra cámara, pero dejándola vacía. Tras cerrar y pintar convenientemente los círculos, la diferencia de peso hacía el resto y el seis aparecía siempre en la cara superior.

Mosaico con jugadores de dados utilizando una *turricula*. Detalle del Mosaico de Megalopsychia (s. V). Hatay Arkeoloji Müzesi, Antioquía (©Dosseman)

Las mañas de ventajistas habilidosos tuvieron respuesta práctica por parte de los partidarios del juego limpio. Roma aportó un popular objeto en forma de chimenea rectangular, la *turricula*. Los dados se dejaban caer por la parte superior y rodaban sobre la base, desnivelada a modo de escalones para que las caras se volteasen al azar. Es probable que los cubiletes también derivaran de cautelas tomadas para evitar trampas. El poeta Marcial (s. I), articuló esa finalidad dando voz a un cubilete: *la mano tramposa que sabe tirar las tabas cargadas, si las tira conmigo nada consigue.*

Desafortunadamente, la historia no ha preservado nombres propios de jugadores expertos en pases y escamoteos. Tampoco existe ninguna cita respecto a juegos de prestidigitación basados en los dados o, por ejemplo, a las posibilidades ofrecidas por la circunstancia de que, ya entonces, las caras opuestas de los dados sumaban siete. Al ser desconocido para la mayoría de las personas, permitiría alguno de los interesantes efectos de adivinación y predicción que, todavía en la actualidad, sorprenden al público.

Aparte de los dados, otra fuente de referencia para la magia de cerca fue la física recreativa. Las propiedades de los imanes ensimismaron a quienes comprobaban el alcance de sus efectos. Uno de ellos ostenta además el mérito de ser el primer efecto recordado de «magia de cerca de bolsillo». El poeta Lucrecio (s. I a.C.) habló de él y, bastante antes, también lo hizo Platón (13), aunque fue San Agustín quien le dio mayor énfasis. Quedó atónito cuando vio que un anillo de hierro sobre una mesa, al acercársele una piedra imán, volaba hasta pegarse a él. Acto seguido, el individuo portador del imán, acercó el conjunto a un segundo anillo que quedó adherido al primero, como si el imán le hubiera pasado sus propiedades. Y luego quedaron pegados y colgando un tercero y un cuarto, formando una cadena de sortijas, todas unidas sin estar enlazadas.

San Agustín cita un segundo efecto, hoy en apariencia inocente, pero que todavía consigue interesantes aplicaciones cuando la existencia del imán es insospechada. Según contó, el actuante tomó un plato de plata y colocó en él un trozo de hierro. Cogió el imán con la otra mano y la puso debajo del plato. El público se quedó pasmado al ver cómo, a pesar de que el imán estaba separado del hierro por el plato, cualquier movimiento que hacía la mano que lo llevaba, era reproducido con fidelidad por el hierro. En aquella época era una visión inconcebible. Tanto que, el filósofo cristiano, consciente de que pudiera dudarse de semejante maravilla, puntualiza que no la presenció personalmente, pero que sí la contempló un obispo en quien confiaba enteramente (13).

MAGIA DE CERCA. ¿REALMENTE SON CUBILETES?

Sin muchas más referencias de efectos de cerca, la ausencia de datos se ha atenuado gracias a la milenaria popularidad de las rutinas con bolitas y cubiletes, efecto bandera de la magia de cerca. Fue y es uno de los juegos más ejecutados y famosos. En todos los períodos históricos concurren comentarios y pinturas acerca de él y mantiene su vigor en el siglo XXI, refrendado por la continua presentación de versiones y planteamientos diferentes.

Al no disponer apenas de noticias de otros juegos de cerca, se le ha asignado el título de decano de esta rama del ilusionismo. Pero es un título otorgado por eliminación, al desconocerse si realmente es así o si fue el tiempo el que suprimió rastros de otros posibles juegos. Para adjudicarle con solvencia ese honor se hace necesaria una prueba firme de su origen remoto. A principios del siglo XX surgió una interesante candidatura en la necrópolis de Beni Hassan, a poco más de un kilómetro de la ribera del Nilo y a algo menos de 300 km de El Cairo.

Beni Hassan se compone de un conjunto de treinta y nueve tumbas excavadas en piedra de gobernadores provinciales del Antiguo Egipto. Una docena de ellas, concebidas como galerías subterráneas independientes con funciones funerarias, poseen dibujos murales con escenas de la vida del Egipto Antiguo. La de Baquet III (de la dinastía XI, en torno a 2000 a.C.) es popular por varios motivos. Para los turistas, por sus dos centenares de escenas de lucha entre dos contendientes; para los magos, por un dibujo en el que podría estar representado el juego de los cubiletes.

Percy Newberry, a finales del siglo XIX, excavó y estudió las cuevas de Beni Hassan. Aquella campaña arqueológica le acercó al ilusionismo, tanto a él como al jovencito que lo acompañó, de nombre Howard Carter. El muchacho, contratado como ilustrador, se convertiría posteriormente, gracias a la tumba de Tutankamón, en el arqueólogo más famoso de todos los tiempos.

Newberry dio nombre a bastantes dibujos de las paredes. Y fue él quien, en sus conclusiones, bautizó unos vasos manejados por dos personas, pintados en una de las paredes de la tumba número 15, como el «juego de los trileros». No es difícil suponerlo así, en base a la consonancia gráfica del dibujo con el efecto aludido: la forma cónica de los recipientes; el hipotético espectador enfrente del actuante, separados ambos por los cubiletes; el centro de la acción focalizado en los objetos; y el artista en actitud dinámica, en una posición que parece ser la de manejar una de las vasijas. A la derecha y debajo del dibujo aparecen, además, ilustraciones de deportes, malabares y motivos lúdicos que no desentonarían con el juego de los cubiletes.

Pero lo cierto es que mayores indicios, aparte de la similitud conceptual, no hay. Y puesto que la intuición es sólo visual, otros aducen ver dos alfareros, una pareja disfrutando de un juego con vasos, panaderos… Y, fijándonos con mayor atención, ambos, y no uno solo, aparentan manejar los recipientes.

Falta además el elemento crucial: las bolitas. Los egipcios eran muy claros en sus dibujos y plasmaban en ellos lo que buscaban representar. Se hace difícil querer expresar un número de magia obviando la señal más evidente de este. Además, hay cuatro cubiletes, parece que excesivos para el juego. Es más que probable que tan solo estemos ante una imagen de casual semejanza con los cubiletes. El mismo Newberry puede que lo supusiese así y, sencillamente, bautizase con ese nombre la imagen porque fuese lo primero que le vino a la cabeza, sin más convicción. De hecho, la designación está entre interrogaciones. Newberry ni siquiera parece conocer el mundo de los trileros, pues comete un error al escribir la palabra.

En la indagación de algún vestigio más concluyente del juego de las bolitas, la siguiente referencia cronológica proviene de Grecia, muy posterior a Baquet III, más de milenio y medio.

Desde al menos el siglo V a.C., dramaturgos y escritores recogieron, en alusiones casuales, el vocablo que definía a quien practicaba el efecto. La traducción, sin una palabra equivalente en los lenguajes modernos, vendría a ser la de «ladrón de guijarros» (*psêphokléptès*). Tal y como el término sugiere, la expresión designaba a los que realizaban el número de aparición y desaparición de piedrecitas. En los registros más antiguos varios autores parecen jugar con el concepto para utilizarlo en sus obras, señal de su familiaridad. La más antigua pertenece a Sófocles, cuya tragedia, *Ayax*, modifica la palabra para crear otra ficticia con la que designar a los políticos que manipulan votos. La relación era fácil de entender porque, entonces, los escrutinios se verificaban con guijarros, posibilitando el fraude al contarlos. Esta circunstancia también la reflejó Aristóteles: *los que no son hábiles en manejar los guijarros son engañados por los que sí saben hacerlo…*

Detalle del dibujo de «los trileros». Fachada Sur de la tumba de Baquet III. Beni Hassan (©Nacho Ares).

La mención de Sófocles asignaría al efecto mágico un recorrido de, como poco, dos mil quinientos años. El dato, excelente, obvia no obstante un elemento hoy determinante: los cubiletes. No aparecen específicamente nombrados hasta casi otro medio milenio después, de la pluma de un filósofo, el hispano Lucio Anneo Séneca (s. I d. C).

Su contribución es otra pieza dorada guardada por la Historia. Es un texto pequeño (no más de un par de frases) pero con él a Séneca le bastó para posicionarse ante lo que vio y, de paso, mostrar cómo la actitud del (buen) público respecto al ilusionismo era similar a la actual. Su sentir acerca de la prestidigitación es aparentemente la del espectador maduro que cualquier mago de buena voluntad desea y espera tener frente a él. Defendió no conocer el secreto y disfrutar de la emoción que produce ser ilusionado. *Explicadme cómo se hace y se acabó para mí la diversión*, arguyó (39).

Séneca sólo nombra el efecto, dándolo por conocido e identificándolo con los recipientes utilizados para ejecutarlo. De ahí se han derivado dos conclusiones históricas de relieve. La más importante es la verificación de que fueron los primeros cubiletes de los que existe una alusión expresa. La otra, por difundida, es obligatorio nombrarla, aunque sea errónea. El filósofo apunta a que sirvieron de receptáculos unos platillos para contener vinagre (*acetabula*, del singular *acetabulum*). A raíz de ello, en siglos posteriores, se extendió la creencia de que *acetabulari* era la palabra con la que se designó, en la antigua Roma, a los ejecutantes del efecto. Así aparece, por ejemplo, en uno de los primeros intentos de recopilación de citas sobre ilusionismo. La compilación, recogida en un capítulo de *De theatro*, obra de 1603, lleva precisamente por título «Acetabularis». Lo curioso es que Séneca no lleva a engaños, pues, para citar al mago, empleó con claridad y expresamente *praestigiatorum*, el término habitual.

Varias crónicas contemporáneas de Séneca refieren también la fascinación que generaron aquellas misteriosas habilidades con piedrecitas y cubiletes. Sobresale, entre todas, la rutina mágica descrita por Alcifrón en su mencionada carta (44). Es un tesoro con dos perlas históricas: una, la ya reseñada elección de un teatro para presentar magia, la otra, el juego en sí. El mago lo presenta con tres recipientes, al igual que en numerosas rutinas actuales, y lo construye en dos fases diferenciadas, con pases claros y efectos in crescendo. En la parte inicial, las piedrecitas, posicionadas cada una debajo de un platito, desaparecen y aparecen, al principio una a una, luego todas a la vez y, finalmente, esfumándose de nuevo para reaparecer en la boca del ilusionista. Es el primer gran final. Para la segunda fase, el artista solicita la colaboración del público. Tres espectadores le acompañan al centro de la pista. La magia sucede esta vez con ellos, en la nariz de uno, la oreja de otro y la cabeza del último. Probablemente fuera técnicamente más sencillo, pero, en una manifestación de buen proceder, el mago optó por esta opción por ser la más mágica para el público.

> Hubo una [actuación] en particular que, al yo verla, me dejó boquiabierto y casi sin habla: un cierto tipo avanza hasta el centro, coloca una mesa de tres patas y, sobre esta, tres platitos. Después debajo de éstos deslizó unos pequeños cantos rodados de color blanco, como los que habitualmente se encuentran en las orillas de los torrentes. Luego, unas veces aparecía cada guijarro debajo de cada recipiente, otras (sin saber yo cómo) estaban todos bajo uno solo y, finalmente, desaparecieron todos de debajo y surgieron en su boca. Una vez que se los hubo tragado, hizo salir a la pista a los espectadores que estaban más cercanos y le quitó uno de la nariz al primero, otro del oído al segundo y otro de la cabeza a un tercero. Tras haberlos recuperado, los hizo desaparecer de nuevo de nuestra vista. Este hombre aventaja por la habilidad de sus manos a Euríbates de Ecalia, del que tanto hemos oído [...].
>
> Alcifrón, *Cartas de pescadores, campesinos, parásitos y cortesanas*, libro II, carta 17

El juego de las bolitas y los cubiletes siguió maravillando y, al comienzo de nuestra era, ya se había convertido en un clásico de la prestidigitación. Extendido por toda la cuenca mediterránea, era conocido y disfrutado. Es posible que algunos de sus pases fueran bastante famosos. El orador romano Frontón (s. II) cita uno con los guijarros posicionados en la boca, quizá el indicado por Alcifrón. Pero no aporta más, como si fuese perfectamente conocido y no hubiese necesidad de explicar en qué consiste (44).

La popularidad que alcanzó el efecto llegó a otorgarle significado al hecho de soñar con el juego de las bolitas. El manual *La interpretación de sueños*, de Artemidoro de Daldis (s. II), explicaba que, verse en ellos ejecutándolo, preludia ganar dinero de modo fraudulento. Lo entendía así al considerar que el trasfondo del juego es escamotear mediante subterfugios ocultos.

La curiosa cavilación puede dar a entender que hubiera variantes para aprovecharse de espectadores ingenuos. No existen datos de que fuera así. Al revés, sólo consta que la magia con piedrecitas pretendía cautivar y entretener con su manejo. Frontón reseña que el número divertía a niños e invitados, lo cual sugiere que se debía contar con él en celebraciones privadas. Y, en general, los comentarios expresan mayoritariamente satisfacción por disfrutar de un efecto con encanto y notable grado de perfección.

Ateneo recogió la mejor evidencia del prestigio alcanzado por algunos de los que lo practicaron. Cita Hestiea (en Eubea, Grecia), ciudad que erigió una estatua de bronce en su teatro en honor al escamoteador Teodoro. Le representaron con las fichas que, con tanto arte, hizo aparecer y desaparecer.

7.

TECNOLOGÍA AVANZADA

Los autómatas han estado presentes en el imaginario de las grandes civilizaciones por su capacidad para realizar trabajos sin participación de operarios. Los egipcios exteriorizaron con sus populares estatuillas de cera el deseo de disponer de ellas. Cobraban vida aquí o en el más allá para ponerse a disposición de su dueño en los cometidos para los que fueron fabricadas. En el ámbito griego, la pretensión de un mundo compartido con autómatas aparece ya en la primera gran joya literaria de Europa: la *Ilíada* (s. VIII a.C.). Esta obra describe cómo Hefesto, el dios griego del fuego y la metalurgia (equivalente al dios Vulcano de los romanos) construyó veinte máquinas con extremidades en forma de trípode y ruedas en su parte inferior. Aquellos ingenios eran capaces de moverse por sí mismos, irrumpir en la reunión de los dioses, atenderles y luego regresar al taller.

Más impresionantes aún debieron ser las dos asistentes de oro que Hefesto forjó para su uso personal. El mañoso, cojo y contrahecho dios se apoyaba en ellas para moverse les confirió apariencia humana, voz y juicio, gracias al cual aprendieron algunas habilidades enseñadas por los dioses.

La segunda obra de Homero, la *Odisea*, tampoco se olvidó de los autómatas. Alcínoo socorrió a Ulises tras el naufragio en el que perdió a sus últimos hombres. Lo acogió en un exquisito palacio, protegido a ambos lados de la puerta de entrada con otra diligente producción de Hefesto: dos activos perros de oro y plata, ajenos al desgaste y la vejez. Con la misma presteza, Hefesto construyó también las seis estatuas cantoras del oráculo de Delfos y, en línea con la misoginia imperante, el regalo supuestamente envenenado encargado por Zeus para la humanidad: una cautivadora figura de rostro similar a las diosas. Aquella construcción albergaba la endiablada ambición de causar dicha a los hombres y a la vez su propia perdición. Había fabricado a Pandora, la primera mujer.

De todos los mecanismos creados por Hefesto, Talos fue el más renombrado. Un gigante de bronce concebido para defender Creta de invasores que recorría diariamente el entorno de la isla tres veces, arrojaba rocas y sembraba el terror en los barcos que se acercaban. Si alguien accedía a la isla o pretendía salir de ella sin autorización, abrazado a su víctima, se calentaba hasta la incandescencia y la hacía morir abrasada.

No es descabellado sostener que aquel objeto pudo tener base real. Hubiese sido un trucaje más impactante que el de Memnón y tan magnífico que, exagerado con el tiempo, las culturas posteriores lo habrían entendido como una quimera mitológica. En la actualidad, el nivel de conocimiento sobre los logros de la Grecia clásica en ingeniería automática no desautoriza suponer que tuviera capacidad para idear artilugios con los que intimidar a posibles rivales, incluso mucho más complejos que una amenazante construcción de metal movida, con rieles u otro mecanismo, por el contorno de la isla.

Hefesto compartió popularidad con Dédalo, notable personaje mitológico. Genial constructor y mejor escultor, acudió al amparo del rey cretense Minos tras asesinar a su discípulo y sobrino para evitar que le hiciera sombra con sus aptitudes artísticas. Y allí, en Creta, su reputación se hizo imborrable. Dédalo ha sido fuente de inspiración para los ilusionistas. La más importante, la de lograr volar, fue acometida para huir de las aciagas secuelas del mayor escándalo que se le atribuye: ayudar a la esposa del rey a yacer con un toro, seducida por este a causa de una funesta maldición. Construyó para ella una vaca de madera, hueca y revestida con la piel de una auténtica, en la que la reina pudo introducirse para ser montada. Del depravado encuentro surgió el minotauro y, para encerrarlo, el laberinto, también obra de Dédalo.

Asimismo, la facultad de infundir vida a objetos inertes brilló entre las virtudes del artista. Se decía que su perfección escultórica confería a las estatuas la potestad de caminar. El ideal penetró en la literatura latina a través de Ovidio, que legó a la Roma imperial un relato magistral. En él desgrana la fijación de Pigmalión, otro rey cretense, por Galatea, la estatua de marfil que había esculpido. Obsesionado por su obra, por los gestos, la expresividad y el ideal de belleza que había reflejado en ella, quedó perdidamente enamorado de su propia creación. Besaba sus labios, la contemplaba durante horas, adornaba su cuello con collares y sus orejas con perlas. Cierto día, advirtió que la efigie era receptiva a las caricias, respondía a sus roces, al contacto. Notó el calor y la blandura de su piel. Y comprendió que Venus, enternecida, había concedido a la estatua, además de la vida, el amor y la fidelidad a su diseñador.

La historia, sensible, erótica y mágica, ha sido versionada por distintos autores y en todas las épocas. Los magos tampoco se han resistido a ella y su visión más sentimental permanece en los espectáculos ilusionistas actuales. El retrato de un cuadro o fotografía materializado en alguien real evoca la nostálgica necesidad de abrazar al amor inalcanzable o a la persona pérdida.

Si bien desconocemos cuándo los autómatas se materializaron en elaboraciones concretas, sí sabemos que para comienzos del siglo IV a.C. ya eran un hecho. Arquitas de Tarento fue el primero al que se le asigna la creación de un autómata específico. Por desgracia, las referencias son indirectas, posteriores en varios siglos a su ejecución, de modo que sólo cabe imaginar cuál pudo ser el alcance real de la innovación. Su artilugio entroncó de nuevo con el afán humano de volar, de surcar los cielos. Construyó una paloma que, según algunos, consiguió el propósito. Se la describió como un aparato propulsado por aire a presión en su interior, que alzaba el vuelo y lo mantenía.

Que la paloma mecánica volara quizá sea más una exageración que una realidad. Aunque poco más se puede aventurar. Arquitas destacó como matemático, hombre de estado, intelectual y científico. Ante tanta cualidad entre las que elegir, cuando los antiguos deseaban recordar algún episodio suyo, escogían otras prioridades de más renombre que el curioso juguete volador. La más gloriosa sin duda fue el cargo de estratego (general en jefe), desempeño adjudicado habitualmente durante un año pero que él mantuvo siete por decisión de la democracia tarentina. Para el mundo de la filosofía aún más notable fue su providencial ayuda a Platón. El pensador, gracias a la nave que Arquitas envió en su búsqueda, esquivó la muerte urdida por la milicia de Dionisio, el tirano de Siracusa.

Entrado el siglo IV a.C. los autómatas estaban integrados en la tecnología de vanguardia. Un apunte histórico casual sobre Demetrio de Falero, a la vez tirano e importante dinamizador de la economía y cultura ateniense, explica que hacía presidir los desfiles organizados por él con un caracol mecánico plenamente autónomo (20) que, además de moverse sin que aparentemente nada lo impulsara, escupía «baba», tal vez algún tipo de perfume.

La cita asume que los autómatas ya formaban parte del entretenimiento público. Debió ser ese su principal foco de aplicación, junto a algunas utilizaciones más prácticas (relojes de agua, órganos hidráulicos, reproducción de movimientos de los astros...). No se diversificó mucho más, para resignación de Aristóteles, quien reflexionó acerca de un mundo liberado de la esclavitud humana gracias al desarrollo de las máquinas autómatas. Pero sí fueron aprovechados para impulsar efectos ilusionistas. Confirmarían la máxima, aprovechada ya por la vestal Tuccia y enunciada con concreción más de dos milenios después, de que *cualquier tecnología suficientemente avanzada es indistinguible de la magia.*

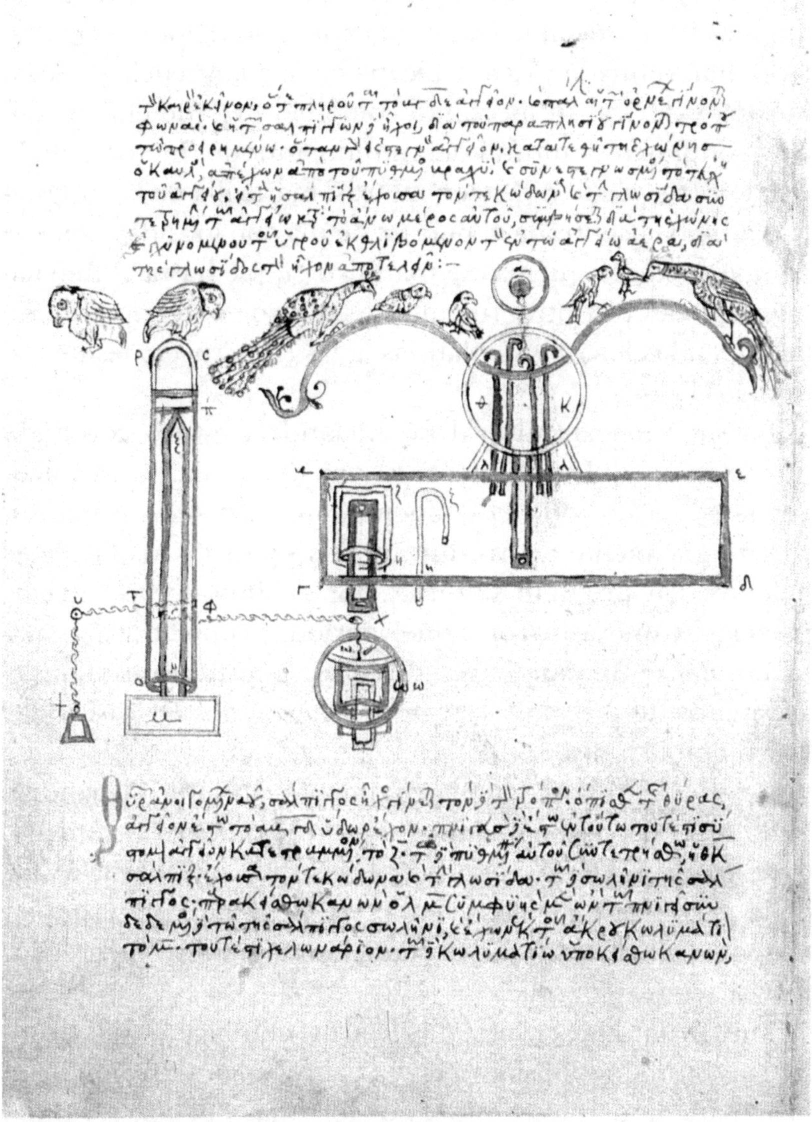

Dibujo del aparato hidráulico para el canto aves artificiales. Copia del manuscrito veneciano de *Neumática* de Herón de Alejandría). Biblioteca Marciana, Venecia.

Faltaba un espacio propio donde los autómatas cristalizaran con todo su potencial. Llegó pronto. Alejandro Magno tomó Egipto en 332 a.C. y desmoronó el imperio persa en 331 a.C. La civilización griega se expandía, asentada en valores culturales y sociales que nunca desaparecerían. Poco después nacía Alejandría, nueva capital de Egipto, urbe cosmopolita, refinada y rica. Ubicada en la confluencia de Asia, Europa y África, su incesante comercio hizo de ella el centro económico y cultural del mundo antiguo. La torre de la isla de Faros, de más de cien metros, maravilla de la antigüedad, guiaba la entrada al puerto, de día con grandes espejos, de noche con hogueras. Se mantuvo en pie hasta el Renacimiento y tan distintiva fue que se bautizó con el nombre de la isla, en las lenguas neolatinas, a las construcciones de ese tipo, los faros.

La supremacía cultural de Alejandría estuvo coronada por su irrepetible biblioteca. El objetivo de la misma, acoger la suma de todo el conocimiento humano, se mantuvo enérgicamente activo durante los siglos de los faraones helenos. Un proyecto sublime, por encima de las intrigas palaciegas que asolaron aquel período, conocido por matrimonios entre familiares directos, guerras fratricidas y asesinatos de progenitores, hijos y hermanos en casi todas las combinaciones.

Próspera y a la vez intelectualmente vibrante, Alejandría aunó afán de conocimiento y sofisticación. Artísticamente, el deseo de explorar métodos para influir con mayor viveza en la percepción del espectador, convirtió al ilusionismo en un poderoso mecanismo al servicio imaginativo de creadores y artesanos.

Muy pronto las crónicas reflejaron exhibiciones de autómatas con toques ilusionistas. La primera constatación llegó acompañada de otro desfile. Por fortuna, y al contrario del acometido por Demetrio Falero, quedó descrito con exhaustividad. Se debió a Ptolomeo II Filadelfo (s. III a.C.), el mismo que ambicionó levitar la estatua de Arsinoe. Ateneo revivió en *El banquete de los eruditos* algunas de las maravillas que acompañaron los espectaculares fastos de Ptolomeo II, cuya pompa e intensidad resonaron hasta la caída misma del paganismo. Basándose en un texto presumiblemente cercano al suceso, la obra detalla una superlativa cabalgata patrocinada por Ptolomeo que supuso un derroche de recursos, riqueza e imaginación. La ostentosidad de la procesión iba in crescendo de tal modo que, a medida que avanza su descripción, lo hace la sensación de asistir a un engrandecimiento del desfile exagerado por el escritor.

Pigmalión y Galatea. Las emociones reflejadas en algunos de los más duraderos efectos ilusionistas están en consonancia con deseos ya transmitidos por personajes mitológicos. El imposible alcanzado por Pigmalión, dispensar vida a una imagen inerte, persiste en varias ilusiones mágicas actuales. Jean Leon Gerôme (1890, Óleo sobre lienzo), Metropolitan museum of art, Nueva York.

El autómata pertenecía al grupo de las carrozas que abrían la procesión, la parte en apariencia más objetiva del relato. Personificaba a Nisa, una de las ninfas de la mitología griega que criaron a Dioniso, el dios del vino. Era grande, de tres metros y medio de altura, adornada con racimos de piedras preciosas y ornamentos de oro. En la mano izquierda llevaba un tirso (báculo forrado con ramas de vid) y en la derecha una pátera de oro. Y se trasladaba en un carro con ruedas de dos metros de diámetro tirado por sesenta hombres.

Hubiese sido suficiente con aquella composición. Pero guardaba una sorpresa. Sin que nadie se le acercara (Ateneo lo explícita para confirmar la independencia del movimiento), la estatua, por sí sola, se alzaba hasta erguirse y libaba leche contenida en la pátera de oro. A continuación, finalizaba la acción sentándose y recuperando su posición original (20).

PIONEROS. CTESIBIO Y FILÓN

De la mayoría de los primeros fabricantes de maravillas no ha permanecido siquiera el recuerdo, de algunos el nombre y, de los menos, la mención a varias de sus ilusiones. Es el caso de Ctesibio de Alejandría (s. III a.C.), de quien ningún tratado perduró para la posteridad, pese a ser considerado uno de los grandes precursores de la neumática y de las vistosas ilusiones mágicas luego plasmadas por Herón. El autor romano Vitruvio (s. I a.C.) se rindió ante él en *Los diez libros de Arquitectura.*

Por desgracia, Vitruvio sólo comentó las máquinas de Ctesibio afamadas por su utilidad práctica. De las lúdicas nombró únicamente un mecanismo automático capaz de reproducir los trinos de los mirlos y sus movimientos mediante la presión del aire y el agua (probablemente similares a los explicados posteriormente por Filón y Herón). Para el resto de atracciones prefirió animar a sus lectores a conocerlas de la propia pluma del inventor, de tal manera que el recuerdo de ellas se desvaneció cuando lo hizo su obra.

Aparte de la mención de Vitruvio, sólo permaneció una cita de recreaciones ilusionistas de Ctesibio. Se trató de un mecanismo neumático oculto que acopló a una estatua del templo de Arsinoe, destinada a escanciar vino a través de su boca. La escultura, una efigie del dios Bes, realizaba algún tipo de movimiento danzante no especificado y, cuando el grifo instalado en la boca se abría y vertía vino, un mecanismo escondido en el interior emitía un alegre sonido de trompeta para anunciar el banquete (23).

Filón de Bizancio fue otro de los grandes eruditos que impresionaron con sus aplicaciones. Escribió un avanzado tratado de ingeniería parcialmente perdido. El azar dejó del lado de lo conservado la parte dedicada a la neumática y, con ella, interesantes efectos ilusionistas. Gracias a esta casualidad, la figura de Filón de Bizancio debería haber alcanzado un puesto relevante en la historia del ilusionismo, pero apenas es reconocido, quizá porque *Neumática* no fue editado en un idioma occidental moderno, el francés, hasta los primeros años de siglo XX.

Filón cimentó la obra compiladora de Herón de Alejandría, a quien se le ha otorgado el título de gran inventor de la antigüedad. Sin embargo, un número importante de los juegos de ilusionismo descritos en los manuales de Herón, incluidos los más sobresalientes de lo que hoy llamaríamos magia de salón, ya aparecieron antes explicados por Filón (24). A esas «primeras versiones» reveladas por Filón pertenecen tres excelentes efectos mágicos: el trucaje ya expuesto del agua retenida en una criba (el efecto de Tuccia), la extraordinaria versión de la jarra que vierte líquido una y otra vez a pesar de parecer vacía (jarra del Agua de la India), y uno de los efectos estrella de la magia neumática, reconocido literalmente por Filón como *maravilloso,* el recipiente que, incluso sujeto por el propio espectador, derrama por sí solo y cuando el ejecutante quiere todo el líquido que hay en su interior. Conocido en la actualidad como copa de Pitágoras, será explicado en el epígrafe dedicado a Herón de Alejandría.

Hay otra excepcional contribución de Filón a la historia del ilusionismo. Dado que, presumiblemente, vivió en el siglo III a.C. es, cronológicamente, el autor más antiguo del que se conservan explicaciones de ilusiones mágicas. La antigüedad de los efectos que desvela es aún más remota pues, muy probablemente, no fueran propios. Pudieran haber pertenecido a creadores coetáneos, quizá Ctesibio, pues sus dos entretenimientos conocidos aparecen versionados en los manuscritos de Filón y Herón, o a referencias comunes aún más lejanas y ya extraviadas. Filón, que no se arroga la autoría de los efectos, permite suponer esta última opción como viable al reconocer en la introducción que se sustenta en el trabajo de sabios anteriores. Afirmación que queda corroborada además por los hallazgos arqueológicos descritos al comienzo de esta tercera parte (los jarrones de engaño, la vasija sin fondo y el ladrón de vinos), varios siglos anteriores al manual de Filón.

Respecto al juego del Agua de la India, lo revela de modo explícito en varios de los efectos que expone, pero además, aporta una de las mejores adaptaciones existentes. Curiosamente, en una versión que no cita el juego, aunque se deriva directamente del trucaje de la jarra.

El trucaje se esconde en el interior del recipiente. Consta de dos depósitos independientes, uno para el agua y otro para el vino, cada uno con un agujero para la salida de líquido y otro pequeño para la toma de aire. Los agujeros de salida coinciden para no delatar los diferentes compartimentos en los que se encuentran. Y los orificios de toma de aire están en el asa, muy próximos entre sí, de modo que con el mismo dedo se pueden tapar uno u otro. Para hacer aparecer agua se cubre el orificio de entrada de aire del compartimento del vino y se deja libre el del agua; o viceversa si se desea dispensar vino. Si no se tapona ninguno surgirá agua y vino mezclados, la forma de consumo habitual en el mundo antiguo. Estas son las tres posibilidades que contempla Filón.

No menciona la última de las cuatro opciones, taponar a la vez los dos orificios de entrada de aire, alternativa que es precisamente la más fácil y la que daría lugar al juego del Agua de la India. Es decir, si se llenasen los depósitos con el mismo líquido, por ejemplo, agua, y tras escanciar parte de esta, se taponasen ambos orificios, no surgiría nada y se estaría ante el Agua de la India.

Y todavía más, con agua, vino y una pequeña práctica en el manejo de las cuatro alternativas, se conseguiría «enloquecer» a la jarra produciendo ahora agua, a continuación vino hasta agotarse, de pronto una mezcla de ambos, luego otra vez agua, agotarse y volver a aparecer vino, y luego agua, y volver a agotarse...

Reproducción de la jarra que sirve a voluntad dos clases de bebida. En función del orificio del asa que se tapara, así se vertía uno u otro líquido. Servía también para el Agua de la India. Bastaba con taponar los dos orificios a la vez, o uno si solo se llenaba un depósito. Ilustración de Clara Gallego del códice latino del manual de Filón de Bizancio.

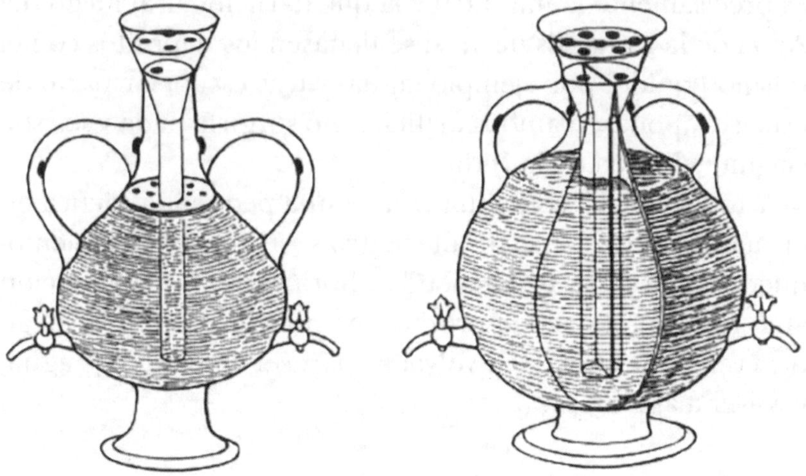

Además de la jarra anterior, Filón describe expresamente el Agua de la India al describir la jarra denominada entonces «Ladrón de vinos». Consta de dos grifos acoplados (Dibujo de la izquierda). Al abrir cualquiera de ellos, el líquido queda o no bloqueado en función de si secretamente se tapan los orificios de entrada de aire situados en las asas. La jarra permite ser dividida para realizarse con agua por un grifo y vino por el otro (imagen superior). Ilustración para *Le livre des appareils pneumatiques et des machines hydrauliques*, de Filón de bizancio (1902, traducción de Carra de Vaux).

Curioso efecto mágico descrito por Filón con un objeto todavía hoy fácil de encontrar como es el candil En el centro de una lámpara rectangular con cuatro ventanitas laterales, se coloca una vela encendida. Al sumergir el conjunto en agua y extraerlo de nuevo, la vela permanece mágicamente encendida. Filón de Bizancio, op. cit.

La vocación de entretenimiento del tratado de Filón hizo asimismo un hueco a las bromas. Aparte del juego ya comentado de la jarra que moja a quien intenta llenarla, del recipiente que empapa a quien lo sujeta, o de alguna otra burla más, describió el popular objeto que lanza un chorro de agua al inocente que se le aproxima. En todos los casos, el utensilio elegido para realizarlos fue una jarra capaz de realizar sin más su labor hasta que llegaba el momento de la broma.

Por último, al igual que ocurre con muchos magos actuales, Filón se sintió atraído por entretenimientos de física recreativa no mágicos, pero sorprendentes por su resultado o visualidad. El más sobresaliente es un tintero en forma de octaedro con un agujero en cada una de sus caras. Se voltee o se coloque del modo que se desee, la tinta nunca se derrama. Además, al introducir una pluma en cualquiera de las caras que quede como superior, esta se carga de tinta. Y, como si en el ámbito de las curiosidades poco hubiera cambiado en estos dos mil trescientos años, describió experiencias de física recreativa hoy fáciles de ver en videos de internet o en cenas de magos.

Entre ellos, se encuentra observar que, si un vaso se sumerge boca abajo en agua, la mayor parte de su interior permanecerá seco. Se puede incluso introducir previamente un pañuelo de papel y comprobar luego que queda intacto. También, la impactante sorpresa de que, si un vaso con agua se tapa con una hoja que no absorba humedad (un naipe plastificado que cubra el vaso sirve) y se da la vuelta al conjunto, el agua y la hoja no caerán. Y, con pequeñas variaciones en el procedimiento y utensilios utilizados, el popular experimento consistente en colocar una vela encendida en el centro de un plato con agua (actualmente se vierten en el agua unas gotas de tinte alimentario para apreciarse mejor), y sobre la vela un vaso vertical invertido. Este, cuando la llama se ahogue y se apague, pese a estar hacia abajo y apoyado sobre el platito, absorberá sorprendentemente el agua, la cual quedará dentro de él sin retornar de nuevo al plato.

Añadidas a los efectos de ilusionismo, Filón exhibe, desde simpáticas «copas ladronas», capaces de retener secretamente bebida, hasta exquisitas máquinas automáticas. Basadas en la presión del aire y del agua (el mismo recurso que las posteriores de Herón) son extraordinarias. Las hay a la vez prácticas y visionarias, como una excepcional máquina expendedora de agua y piedra pómez (equivalente a la pastilla de jabón) accionada por una moneda; un artilugio para servir pequeñas cantidades de líquido, precedente de los dosificadores empleados en las botellas de bebidas alcohólicas; y bombas hidráulicas. También las hay ideadas con el propósito de impresionar gracias a la combinación de utilidad, espectáculo y asombro.

Es el caso de la estatua creada para servir bebidas en los banquetes. Representaba un sirviente con una jarra de vino en su mano derecha. La izquierda estaba libre. Al colocarse una copa en esta mano, la estatua vertía vino en ella gracias a un mecanismo secreto activado por el peso de la copa. Si el invitado prefería diluir el vino, bastaba con no retirar la copa y, de la misma jarra, esta vez surgía agua para reducir la graduación. Finalmente, el sirviente, por sí solo, dejaba de dispensar líquido para que el invitado retirara la copa y continuar con el siguiente comensal.

En la colosal dinámica cultural del mundo heleno, aun siendo Filón otro nombre de relevancia, no pertenece a los de mayor distinción. Lo consideró así Vitruvio al citarlo en la lista de los prohombres destacados en el estudio de las máquinas, pero de los que no consideró oportuno comentar aportaciones. Y no por minusvaloración, sino por la abrumadora abundancia en aquella época de ilustres protagonistas de la historia de la ciencia.

Alejandría fue receptora privilegiada de todo aquel cúmulo de saber. Como ya hemos visto, en un solo un siglo (el III a.C), Ctesibio, Filón, Euclides, Arquímedes, Eratóstenes, Aristarco de Samos o Apolonio de Pérgamo hicieron rebosar de conocimiento el mundo clásico. Y, o bien residieron en Alejandría o, como en el caso de Arquímedes, influyeron en ella a través de sus escritos y de la correspondencia mantenida con los matemáticos alejandrinos. Ingenieros, inventores y artesanos de la capital de Egipto aprovecharon el derroche de conocimientos para crear visuales efectos mágicos con tanto éxito que, durante siglos, se habló de ellos con la misma admiración que hoy se hace de los grandes magos del XIX. Afortunadamente, Herón de Alejandría recogería parte de aquellas maravillas en su famoso manual.

HERÓN DE ALEJANDRÍA

En el mundo antiguo abundaron las puestas en escena superlativas. Dioses, emperadores, cónsules y generales exhibían su gloria en magníficas manifestaciones de poder y esplendor. Pretendían la exaltación del pueblo, avasallado por su grandeza y la inducían con una pródiga gama de recursos, ya fueran festivas muestras de pompa y ostentación, edificación de incontestables obras regias o suntuosas conmemoraciones religiosas.

Cleopatra (69 a.C. - 30 a.C.), última faraona de Egipto, tras haber seducido a Julio César, hizo otro tanto con el triunviro Marco Antonio. Convocada por él a una recepción en Tarso, Turquía, ideó un montaje admirable, soberbio, casi insolente. Acudió a la cita en un barco con la popa revestida en oro y velas de color púrpura, prohibitivo tinte tan caro de obtener como los metales preciosos. Impulsaban la nave remos de plata, acompasados por música de oboes y flautas. La reina egipcia, recostada sobre cortinas de oro, rodeada de bellas ninfas y engalanada como la diosa Afrodita, aparecía esplendorosa.

Confundiendo realidad y decorado, el gentío creyó estar en presencia, no de la reina, sino de la diosa, que comparecía remontando el río para propiciar la prosperidad en Asia. El eco de la maravilla llegó a la ciudad y la multitud corrió a admirarla, dejando casi abandonado en la plaza a un perplejo Marco Antonio. Y la función continuó durante la cena, suculenta por sus manjares, pero recordada por el majestuoso despliegue de luces y artificios escenográficos dispuesto por la cautivadora Cleopatra.

La pareja vivió su romance y desventurado final en Alejandría, para entonces la segunda ciudad más poblada del imperio, sólo por detrás de la misma Roma. En ella, durante aquella época de entretenimientos excesivos, y en una franja de tiempo que oscila entre siglo II a.C. y el siglo I d.C., compuso Herón los volúmenes que le hicieron pasar a la historia del espectáculo y del arte mágico. Un mérito más a sumar a los logros de un erudito que escribió sobre física, matemática, ingeniería civil y militar y otras variadas disciplinas.

No existen datos sobre su vida, de cuánto o cuándo pudo vivir, o de cuál fue su ocupación. Algunos de los más interesantes aparatos de *Neumática,* el tratado que le ha dado un puesto de honor en el ilusionismo, están concebidos para aplicarse en templos. Únicamente por este motivo, se ha insinuado a veces que su oficio pudiera tener relación con la preparación de efectos maravillosos al servicio de los santuarios paganos.

Es una suposición demasiado débil. La obra de Herón no está centrada en ellos, y menos en convencer del lucimiento mágico de los dioses. Ni siquiera lo hace la propia *Neumática* donde, si bien las ilusiones vinculadas a las divinidades están recogidas con aguda lucidez, sucede igual con el resto.

Evidentemente, habría sido posible darles ese uso. Nada lo impedía y Herón reconoce que los principios detallados por él pueden ser utilizados tanto para maravillar como para sobrecoger. Pero la mayoría son básicamente juegos de magia y entretenimiento. Esto, al igual que sucede con Filón, le acerca aún más a la vertiente positiva del ilusionismo, la de arte para divertir y asombrar, términos que sí maneja con naturalidad en sus obras.

Se desconoce la proyección en vida del trabajo de Herón. No aparece citado en *Los diez libros de arquitectura* de Vitruvio (s. I a.C.), aunque sí lo hace la Eolípila, la primera máquina de vapor, tradicionalmente atribuida a él por aparecer en

Neumática. Puede que se deba a que el invento no le perteneciera realmente o a que Herón no fuera suficientemente célebre pero sí su presumible creación.

Del lado de una potencial popularidad, innegable con posterioridad en el islam medieval y la Europa renacentista, se encuentra la variedad de sus textos y la habilidad para tratar con talento didáctico diferentes ramas del saber. Los libros que de él han perdurado abordan matemática teórica (*Métrica*); tecnología militar acercada a la sociedad civil (*Belopoeica*); el tratado sobre fuerzas y movimientos conocido con el nombre de *Mecánica*, localizado y traducido del árabe hace solo poco más de un siglo; *Catóptrica*, sobre la reflexión de luz; *Dioptra*, estudio de geodesia dónde describe este aparato y mecanismos para medir el terreno; y *Neumática* y *Autómata*, las dos obras que han marcado la historia del ilusionismo antiguo.

Ambas verifican la voluntad de utilizar la tecnología como herramienta para el asombro. Las descripciones que contienen resaltan dos características básicas del arte ilusionista: efectos mágicos fáciles de entender por el público a la par que impactantes, y un trabajado perfeccionismo por ocultar el secreto, de modo que no sea posible vislumbrar los trucajes o la existencia de las causas físicas que los pudieran generar. Estos rasgos no sólo quedan patentes en las descripciones, sino también en la propia filosofía de Herón y resto de autores. Tal y como se explicita el comienzo de *Autómata*, colegas y él mismo fueron considerados magos por sus contemporáneos. Y debía ser así desde hacía siglos. Aristóteles ya se admiraba del trabajo de los expertos que mostraban un efecto en apariencia prodigioso ocultando la causa que lo provoca (14).

Herón es además muy transparente en sus finalidades ilusionistas y, si es necesario, lo reafirma con aclaraciones. En las instrucciones para la construcción del teatro autómata, por ejemplo, recuerda la importancia de ajustarse a las medidas pues, de ser mayores, podría recelarse de que en el interior hubiera alguien manejándolo.

Neumática fue la obra primordial para cimentar el crédito que la cultura helena mantiene como creadora de asombrosas ilusiones. El texto se centra en la utilización e interacción del agua y el aire como asiento para la construcción de artificios hidráulicos. Lo más probable es que Herón compilara una selección de la tecnología más brillante entonces. Reúne proposiciones de muy diferente tipología, clasificables en tres potenciales categorías. La menor en número sería la acometida por aquellos objetos con ánimo de facilitar el quehacer cotidiano por medio de la tecnología. De ese deseo surgen la lámpara de aceite que ajusta su mecha a medida que esta se va consumiendo, la fuente que se activa mediante el calor del sol y una bomba antiincendios. Esta interesante primera recopilación de artefactos no es, sin embargo, objetivo del ilusionismo.

Sí lo son los otros dos grupos de exhibiciones diseminadas por *Neumática*. Uno abarcaría los trucos de temática religiosa o mitológica. El otro, los destinados a divertir y maravillar, principalmente con efectos de ilusionismo realizados con líquidos. Ambos conjuntos están concebidos para conmocionar al público por vía del asombro y son abundantes en la obra. En lo que respecta al primero, el efecto más popular es la apertura milagrosa de las puertas de un templo. Sucedía así: en el altar exterior frente al templo, el sacerdote encendía la hoguera en la que arderían las ofrendas de los fieles. Las puertas del mismo estaban cerradas. En su interior se presuponía la presencia del dios, al que se ofrecían los tributos que el fuego comenzaba a consumir. Cuando las llamas alcanzaban su mayor fuerza, la respuesta divina era sobrecogedora. Poco a poco, las puertas iniciaban su apertura, como si estuvieran sometidas a alguna potencia superior. Ajenas a cualquier intervención humana, aumentaban paulatinamente la velocidad de giro y, finalmente, se separaban hasta abrirse de par en par.

El procedimiento detallado por Herón para posibilitar el milagro consiste, básicamente, en aprovechar el fuego de la hoguera. Con ella se calienta una cámara de agua bajo el altar. Este agua, al desplazarse debido al calor y la presión, desequilibra un sistema de pesos que activa el mecanismo de apertura de las puertas.

La idea era ingeniosa, pero, por dos significativas razones, difícilmente pudo haberse realizado con templos reales. Primero porque, puesto que el calor producido por la hoguera se dirige hacia arriba, la mayor parte de la energía se perdería al estar la estructura montada por debajo de ella. En segundo lugar, porque generar suficiente presión para mover las puertas de un templo, a priori pesadas, parece una tarea excesiva para la llama de un altar alejado prudentemente del edificio.

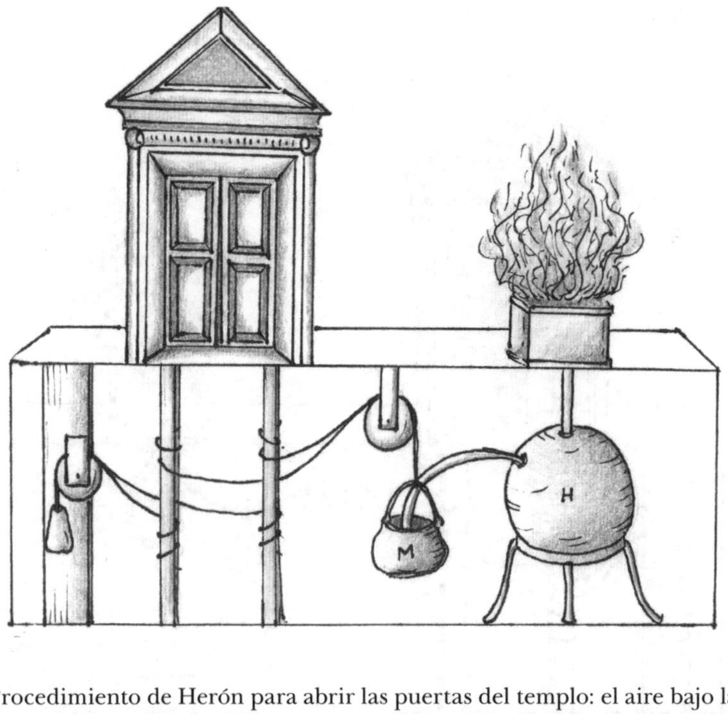

Procedimiento de Herón para abrir las puertas del templo: el aire bajo la hoguera, calentado por el fuego, se dirige por un conducto a un depósito de agua (H). Este, a causa del calor y la presión del aire, hace pasar el agua a través de otro conducto hasta caer en un recipiente (M). Cuando el recipiente contiene un volumen de agua suficiente, baja debido a su propio peso y mueve las cuerdas unidas a las puertas, abriéndolas. Posteriormente, al cesar el sacrificio y apagarse las llamas, el proceso se revierte y las puertas se cierran. Reproducción de Marina Gallego (2019) de la ilustración para el libro *Gli artificiosi e curiosi moti spiritali di Herone*, traducción de Battista Aleotti del libro de neumática de Herón de Alejandría (1647).

Lejos de la literatura que ha generado el tema, Herón lo describe como un efecto más, sin darle mayor importancia. Ya, al inicio de la explicación, indica que la estructura habría de construirse en un templo pequeño. Esta advertencia, y la utilización de diminutivos para referirse a objetos imprescindibles en el juego (altar, depósito de agua, peso, odre...), reiterada en la variante que explica inmediatamente después, exterioriza las limitaciones del juego. Incluso estaría refiriéndose a una reproducción a escala, en consonancia con las maquetas que utiliza en su otra obra *Autómata*. Herón es, por tanto, más humilde con el efecto que las disquisiciones posteriores respecto a su alcance práctico.

Variante con contrapesos de la apertura de puertas. Cuando los pesos están en equilibrio, las puertas permanecen cerradas. Al calentar el aire, este llena una bolsa de cuero (K) que desequilibra el conjunto, moviendo las poleas y abriendo las puertas. Herón comenta que el peso (L) y el odre (K), sustanciales en el movimiento de apertura, son pequeños, un indicio más de que se refería a recreaciones y no a templos reales. Reproducción de Marina Gallego (2019) de la ilustración para el libro de Battista Aleotti, op. cit.

Que un templo auténtico no pudiera abrir sus puertas con el mecanismo expuesto por Herón no desmerece la validez de *Neumática* como referente de numerosas propuestas ingeniosas para emplearse en recintos religiosos. Parte de ellas serían evolución de siglos de prácticas en este tipo de edificios, mencionados ya por Aristóteles en su obra *Mecánica* (14).

En *Neumática* también sobresalen algunas curiosas funciones como, por ejemplo, una versión de la máquina expendedora presentada por Filón. En el caso de Herón proveía al usuario, a cambio de una moneda de cinco dracmas, del agua ritual necesaria para lavarse antes de pasar al recinto sagrado. Resaltan, igualmente, el mecanismo para rociar con agua sagrada a los fieles, basado en el tradicional movimiento de la rueda de bronce que hacían girar éstos al entrar en los templos egipcios; y el pajarillo posado en el alto de un santuario que trinaba, también al moverse la rueda. Puede que fueran efectos populares, pues el principio que los sustenta, basado en las propiedades de las circunferencias y las ruedas dentadas, ya fue identificado siglos antes por Aristóteles en los templos (14). Pero, sobre todo, son mayoría los efectos para sugestionar al público: sonido de trompetas producido al abrirse la puerta de los templos, una luz que flota entre las sombras en medio de una nube de vapor, y autómatas que recrean acciones de los dioses.

Varios de los autómatas, magníficos, son los que han quedado marcados por la ambigüedad respecto a que su posible finalidad fuera la manipulación religiosa. En época de Herón, ante un vulgo desconocedor de las causas que los producían, y con el ambiente de misterio, penumbra y escenografía adecuados, podrían haber creado la ilusión de una formidable intervención divina. O puede que fueran, sin más, singulares recreaciones ideadas para familias adineradas. Es la visión que concuerda con el gusto por la innovación artística y tecnológica de Alejandría y con el resto de autómatas expuestos en *Neumática* y *Autómata*. Podrían haberse aplicado en actividades religiosas, pero sin ninguna intención fraudulenta. En las casas griegas y romanas era habitual disponer de un espacio dedicado a los dioses. Allí tendría sentido disfrutarlas al realizar ofrendas u oraciones.

Pertenecen a este tipo de composiciones dos perspicaces altares. En uno, durante la quema de ofrendas se producían apariciones de figuras bailando en torno al altar, y en el otro, de los cuencos vacíos sostenidos por dos estatuas separadas por la hoguera de sacrificios, manaba agua o vino hasta rebosar, caer y apagar las llamas. En ambos efectos la ilusión se logró gracias al aire caliente generado por el fuego producido en los altares. Era empleado, en el primer autómata para iluminar y mover las figuras, y en el segundo para trasladar hacia las escudillas el líquido de un depósito.

Tanto estas dos ilusiones como la apertura mágica de puertas de los templos permiten una interesante conclusión: el aprovechamiento de la energía térmica generada por la combustión de las ofrendas, inherentes a los sacrificios religiosos paganos, fue un inteligente recurso para realizar magia sin necesidad de un operador directo. El calor actuaba como ingeniosa mano oculta de la magia, una vez más, al servicio de los dioses.

El último grupo de efectos distribuidos por *Neumática* son los claramente destinados a entretener con efectos de ilusionismo. Se centran en una temática tan concreta como recurrente: los líquidos. El libro destaca el elevado nivel que los juegos con este elemento alcanzaron en la antigüedad, probablemente nunca igualado después. Los hay prácticos, como el recipiente que sirve siempre la misma cantidad de líquido o un depósito que proporciona por un solo grifo varios tipos de vinos o bebidas. Estaban presentes en el manual de Filón, aunque Herón los renueva con diversos procedimientos y matices.

Y quedan los mágicamente desconcertantes. Hoy mismo causarían sensación. Herón incorpora los mejores efectos de Filón de Bizancio, completándolos con otros de gran calidad. Los expone sin más, con solo el efecto y su secreto. Pero los imaginaremos realizados durante un ágape en el cual los invitados son, sin saberlo, entretenidas víctimas de algunos de los efectos descritos en *Neumática*:

Comienza el banquete con un camarero sirviendo buen vino en una bonita jarra. Va surtiendo uno a uno a los comensales. De pronto, alguien observa anonadado que lo que a él le han procurado es agua. Cree alucinar, porque lo que cae en la siguiente copa es vino. Pero luego otro recibe agua, y otro más. De la misma jarra surgen ambas bebidas. El asistente tampoco lo entiende (eso dice). Así que ruega a cada uno que decida entre agua o vino. La jarra sirve lo pedido y los huéspedes quedan realmente divertidos sin advertir nada que lo explique (ni notar que el camarero opta por una u otra bebida con solo una leve variación de la posición del pulgar acomodado sobre el asa de la jarra).

No es la única maravilla. Un comensal saborea el vino y quiere repetir. Solicita que le rellenen la copa de la que bebe desde el comienzo de la comida y que sólo él ha sostenido y sostiene. Pero esta vez, cuando le sirven vino, el líquido comienza a caer por el fondo de la copa, empapando al huésped en una broma tan mágica como de mal gusto. El anfitrión regaña a la copa, siempre en manos del invitado, y escancia de nuevo vino él mismo a su irritado amigo, que repara en que ya nada anormal ocurre en ella.

Pareciera que las leyes de la naturaleza no rigen en esa casa. O que el vino posee una singular magia.

Dados los extraordinarios acontecimientos, el organizador se confiesa. Desde hace días, Baco, o quizá algún demonio divertido oculto en las jarras, trastea entretenido con bromas sobrenaturales. A veces es posible escucharle en su refugio. El anfitrión toma otra vasija de vino, solicita silencio y comienza a verter vino en ella. En una experiencia casi sobrecogedora, un sonido musical para unos, palabras inteligibles de agradecimiento para otros, surgen de la jarra. Aclara que no hay que temerle. Es un demonio bueno, incluso beneficioso. De hecho, es el que surte de vino a la casa transformando el agua en vino. Lo hace aportando sus poderes sobrenaturales a dos bonitas jarras, una de ellas con un grifo.

Y, efectivamente, cuando el propietario echa agua en la primera, por el grifo de la segunda ¡sale vino en la misma cantidad! Tremendo.

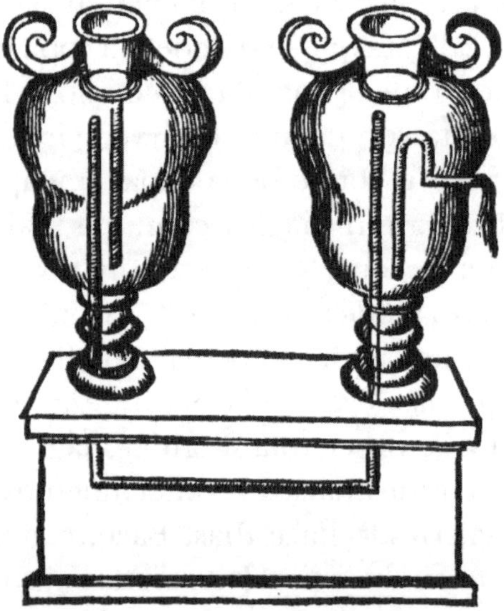

En *Neumática* aparecen curiosos efectos mágicos de líquidos que interactúan entre sí, con acciones inexplicablemente acompasadas. En este efecto, al echar una determinada cantidad de agua en una tina, salía de otra la misma cantidad, pero «transformada» en vino. Para lograrlo, ocultamente, se llenaba antes de vino el recipiente de la derecha; el de la izquierda se dejaba vacío. Luego, ya ante el público, al echar agua en el de la izquierda, el aire de su interior se desplazaba por el tubo que unía ambas jarras y forzaba a salir vino de la segunda vasija. En las imágenes, reproducción del dispositivo en el Museo de Tecnología de la Grecia Antigua (fotografía extraída del libro *Les technologies dans la Grece Antique,* @Kostas Kotsanas); e ilustración del trucaje (ilustración de A. Giorgi,, op. cit).

Complacidos por las maravillas, pero también confusos, los invitados deciden salir al jardín a despejarse. Quizá no sea buena idea, porque el genio charlatán ya no quiere callar. Y de los bonitos pajarillos metálicos de una fuente surgen trinos. El sonido despierta la curiosidad de los presentes, azuzada aún más por el movimiento de un búho igualmente metálico posado sobre un árbol, que se gira para observar. La rapaz poco consigue porque, cada vez que ella se voltea, los pájaros callan, con lo cual retorna a su postura inicial, momento que los pájaros aprovechan, de nuevo, para trinar.

El genio no para de divertirse. De pronto, lo oyen en otra fuente adornada también con preciosos y coloridos pájaros de metal, pero en esta los pájaros cantan indistintamente. Uno de ellos silba, al rato es otro diferente, más tarde lo hace el más lejano, de pronto el más cercano…

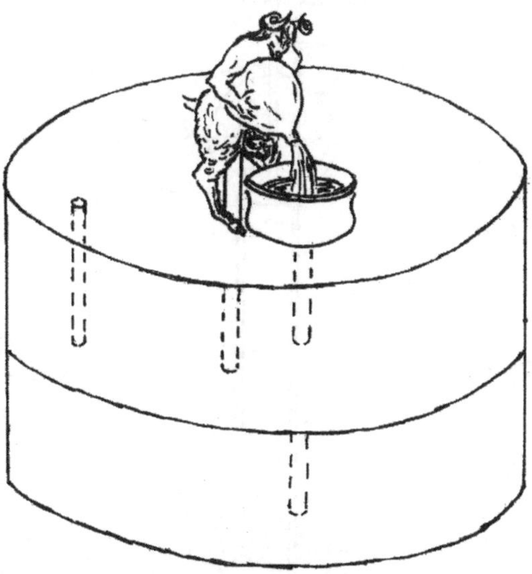

En la ilustración, sátiro vertiendo agua de un pellejo. La estatuilla y su base, independientes de cualquier otra estructura, creaban un visual efecto mágico: el agua o vino que surgía del odre era de un volumen inmensamente superior al que este podía contener. En una sociedad donde no existían motores, no había forma de explicarse cómo el líquido podía aparecer del punto más alto del conjunto sin que hubiese una fuente de alimentación situada por encima de ella. El procedimiento utilizado, denominado fuente de Herón, es uno de los mecanismos más populares del manual. Reproducción de Paloma González (2019) de la ilustración de Alessandro Giorgi da Urbino, op. cit.

De regreso, junto a la puerta descubren una estatuilla. Representa un sátiro con un pequeño odre de cuero en actitud de verter vino en un platito. El platito está seco, así que el propietario echa vino en él. Casi como por arte de magia, surge también vino de la pequeña bota de cuero. Asombrados por la aparición, quedan aún más pasmados al contemplar cómo del odre brota vino y más vino, a pesar de que es imposible que tanto líquido pueda contenerse en un volumen tan pequeño. Algunos de los asistentes empiezan a convencerse, Baco se ha autoinvitado a la casa del anfitrión.

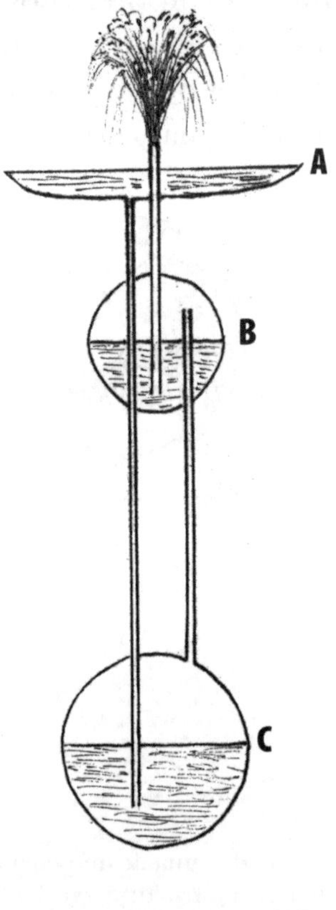

Esquema de funcionamiento de la fuente de Herón. Consta de tres recipientes herméticos, comunicados entre sí por unos canalillos. C contiene aire y B líquido. Al echar una pequeña cantidad de líquido en A, esta baja hasta C, desplazando aire a B. A su vez, el aire que llega a B desplaza líquido al surtidor, originando la fuente. El proceso finaliza cuando se agota el agua de B. Reproducción de Paloma González (2019) de la ilustración de Alessandro Giorgi da Urbino, op. cit.

Como cumbre de la contribución alejandrina al entretenimiento y la ilusión, Herón reservó para otra de sus obras, *Autómata* (32), la que hasta hoy es la cúspide del automatismo como ocio en las civilizaciones clásicas. Un espectáculo teatral con escenografía, actores y actos totalmente automatizados.

Los teatros autómatas ya eran, según explica él mismo, bastante populares en la sofisticada sociedad helena. Pero en *Autómata* se aunó maravillosamente el arte de entretener y divertir con la más vanguardista tecnología de entonces. El resultado es un espectáculo con los dos matices ilusionistas que marcarían para siempre la evolución de los autómatas: la obsesión por ocultar el mecanismo y la pretensión de asombrar por la vía de lo incomprensible o de la sorpresa.

Un depósito con un pequeño orificio en el fondo autocontenía el mecanismo para el funcionamiento autónomo del teatro. Taponando previamente el agujero, se procedía primero a llenar el depósito con arena y se colocaba encima de ella un peso de plomo. Para activar el teatro se quitaba el tapón. La arena caía a través del agujero y, a medida que el depósito se vaciaba, el peso bajaba en un movimiento lento, pero constante. El peso, al descender, tiraba de una cuerda atada a él, y esta hacía girar un eje horizontal al que estaba enrollada. El eje, al rotar, enrollaba a su vez diferentes hilos, cada uno de los cuales accionaba algún objeto fijado a él, dando así vida al teatro. Unos movían actores, barcos, delfines, atrezo… otros abrían las puertas del teatro autómata, cambiaban el decorado o dejaban caer objetos. Y otros transmitían su movimiento a palancas, carretes, ejes verticales y contrapesos, generando complejos movimientos imposibles de imaginar en objetos inertes. Asimismo, las diferentes longitudes de los hilos permitían programar, secuenciar y sincronizar perfectamente todas las acciones. Resultaba de todo un complejo y mágico espectáculo visual.

Herón detalló soluciones realmente ingeniosas. En el primer acto de uno de los dos teatros que explica, el espectador observaba cómo en un pequeño templo móvil dedicado a

Dioniso se encendía la hoguera del altar e iluminaba un pequeño santuario. La estatua de del dios libaba entonces agua y leche sobre una pantera a sus pies. Seguidamente, surgían guirnaldas de flores que adornaban la base del templo. Y, como final, instrumentos musicales sonaban y figuritas de mujeres danzaban alrededor del dios. Todo sucedía mecánicamente, perfectamente sincronizado y sin ningún tipo de acción aparente que lo posibilitara.

El mecanismo oculto funcionaba por sí solo en un preciso ejercicio de programación e imaginación. Para prender la hoguera, por ejemplo, se colocaba una mecha pequeña encendida debajo del material combustible, separados ambos por una placa de metal. En el momento adecuado, un cordel retiraba la placa y la leña prendía. Y, para crear sonidos, una cuerda liberaba el cierre de una cajita con bolitas de plomo. Al caer, impactaban en planchas de diferentes materiales, según el sonido que se deseara crear. Una pandereta inclinada reproducía el efecto de timbales y tambores. Superficies más rígidas, de madera o metal, simulaban truenos o sonidos graves.

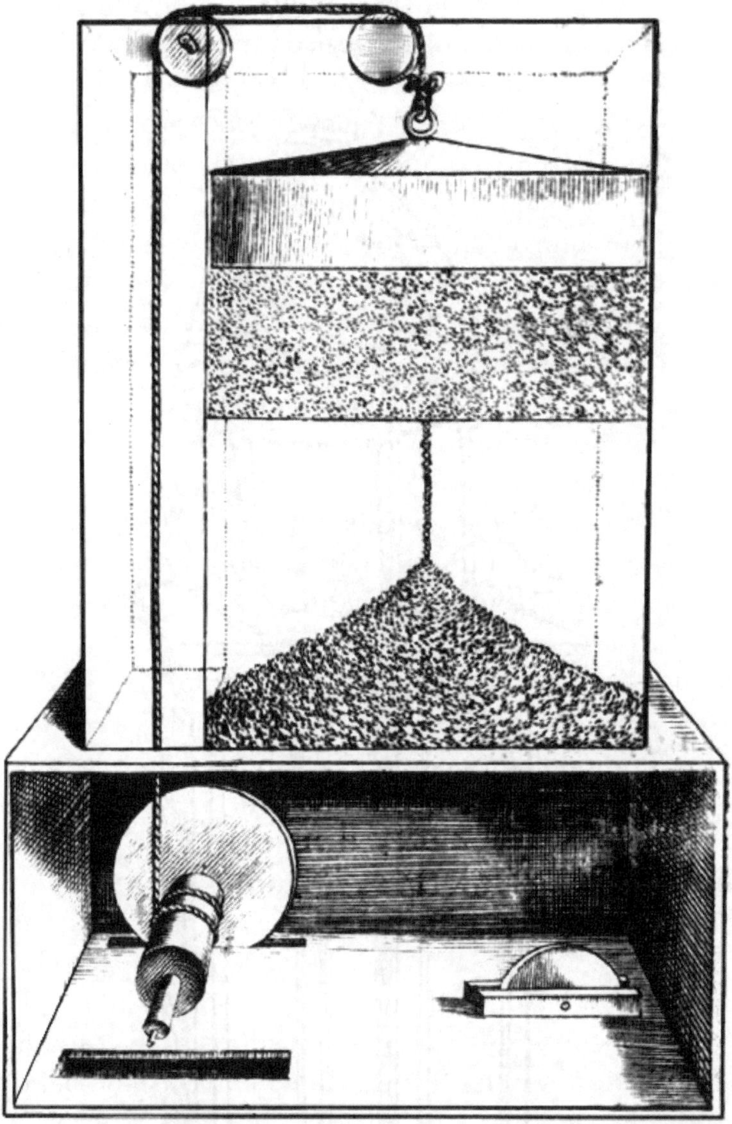

En la página anterior y en esta, «motor» y engranajes del teatro autómata de Herón de Alejandría. Ilustraciones para el libro *Di Herone Alessandrino degli automatiouero machine se moventi, libri due Alexandrini Spiritalium liber*, traducción de Bernardino Baldi (1589).

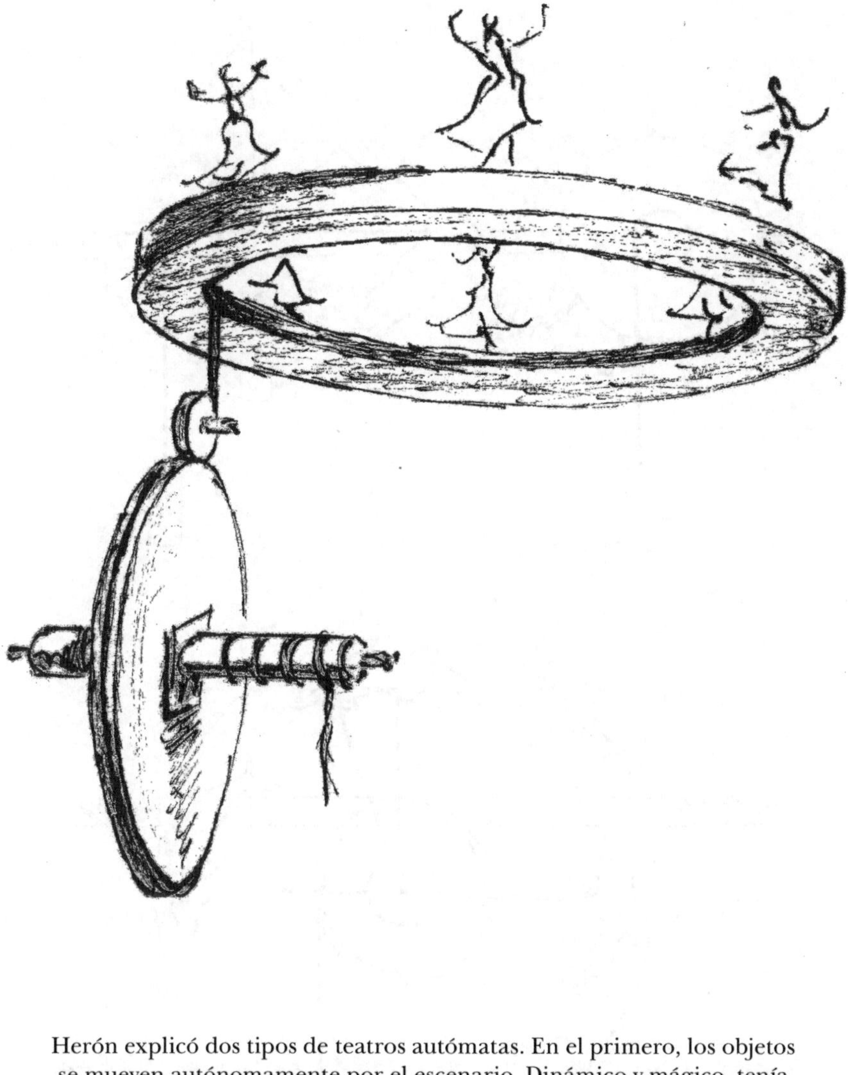

Herón explicó dos tipos de teatros autómatas. En el primero, los objetos se mueven autónomamente por el escenario. Dinámico y mágico, tenía el inconveniente de no permitir más de uno o dos actos, pues los objetos formaban parte del escenario. En la página izquierda, la parte superior de este tipo de teatro. Es allí donde se daba la representación, en un santuario hexagonal coronado por un techado cónico. En el centro del templo se hallaba un altar con Dioniso y una pantera a sus pies. Y, en el exterior, se distribuían en círculo las estatuillas que danzaban. Sobre estas líneas, el artilugio con las figuritas que bailaban alrededor del altar. Reproducciones de Paloma González (2019) de las ilustraciones del libro *Di Herone Alessandrino degli automatiouero machine se moventi, libri due Alexandrini Spiritalium liber*, traducción de Bernardino Baldi (1589).

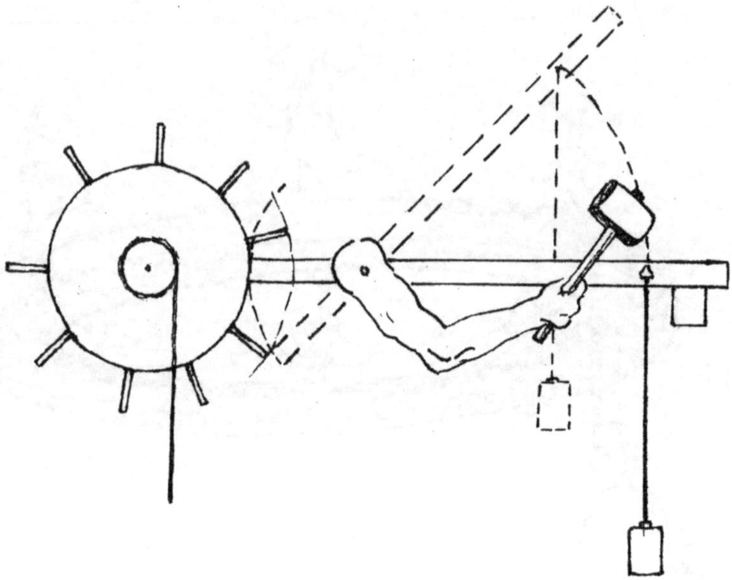

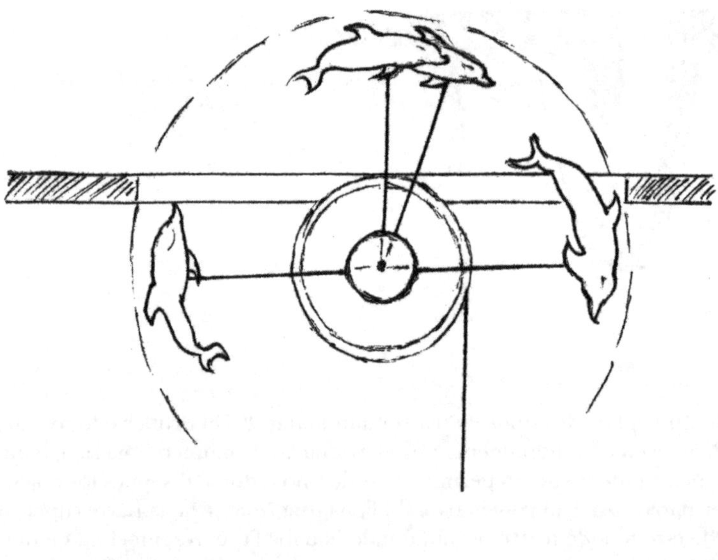

Los decorados, sucediéndose como las imágenes de una película, permitían actos diferentes y tramas complejas. Aparte, objetos y personajes aparecían en el escenario y enriquecían las acciones centrales mostradas por los decorados. En la creación de una flota naval, primer acto de la obra que Herón explica con este procedimiento, carpinteros sierran y martillean las tablas de madera. En otro acto, delfines saltan entre las olas del mar.

Vistos en conjunto, *Catóptrica, Neumática* y *Autómata* proporcionan a la historia del ilusionismo la mejor credencial conservada de calidad y variedad hasta el comienzo de la Edad Moderna. Los tres tratados de Herón unieron al entretenimiento ilusionista los principales avances del conocimiento: óptica para los juegos con espejos, propiedades de los fluidos para números con líquidos y aprovechamiento de la energía para las diversiones automáticas.

Herón, además, no fue un inventor, sino un recopilador. Esta característica otorga aún más valor histórico a su trabajo. No muestra aportaciones surgidas de una única mente privilegiada, sino el florecimiento de un proceso centenario al servicio de la imaginación y el ocio.

Y con una especial atención al ilusionismo por parte de él, Filón y los autores perdidos que les precedieron. Gracias a ellos, este visibilizó aún más su huella en civilizaciones eternamente recordadas como evocadoras, fascinantes y mágicas.

Epílogo

ILUSIONISMO, UN ARTE CONSOLIDADO

Con la llegada de la Edad Media, el ilusionismo inició una etapa difícil. Su trayectoria hasta el Renacimiento no sufrió la ciega campaña de acoso y derribo que se le asigna, pero sí supuso un notorio período de decadencia.

Alejado ya de las maravillas observadas en el vasto imperio romano, no existieron, o no permanecieron, referencias comparables a las vividas en las grandes civilizaciones del Mediterráneo. La herencia legada al medioevo en forma de efectos y trucajes ilusionistas se perdió en parte durante aquellos siglos. de un modo tan irreversible que hoy ignoramos la verdadera magnitud y variedad de lo producido en la antigüedad.

Sin embargo, los datos expuestos en este libro evidencian que el ilusionismo antiguo demostró solera y calidad. Su contribución no fue la simple suma de los efectos dispersos que se han preservado. Dispuso de elementos que lo señalan como una actividad artística asentada.

En primer término, exhibe madurez como disciplina de entretenimiento. Dyedi amenizó con su magia al faraón Keops en una fecha tan extraordinariamente remota que casi convierte en modernas otras actuaciones de ilusionistas muy alejadas también en el tiempo. Y, junto a él, objetos cerámicos trucados repartidos por la cuenca del Mediterráneo muestran la amplia distribución que disfrutaron los entretenimientos ilusionistas.

Los registros literarios le tomaron pronto el pulso al ilusionismo. A historiadores casi desconocidos como Fanodemo, Hipóloco o Duris de Samos, de los siglos IV y III a.C., les debemos las crónicas más antiguas con nombres propios de ilusionistas griegos. En todos los casos, los documentos originales desaparecieron, pero antes de que sucediera ya vimos que Ateneo los rescató para *El banquete de los euditos.* Las citas muestran la importancia de la prestidigitación como elemento de diferenciación en banquetes, fiestas o galas teatrales.

La permanencia en el tiempo de los efectos de magia de aquella etapa es otro factor característico. Mantuvieron con firmeza su prestigio en siglos y territorios muy diferentes. Los números visuales de química, el fuego espontáneo, las bolitas y cubiletes o los juegos con líquidos son algunos de los efectos recreativos de impacto adoptados por diferentes generaciones de prestidigitadores. Este hecho, y la existencia de manuales recopilatorios, implican continuidad en el conocimiento. Por tanto, hubo transmisión de experiencias y un interés por aprenderlas.

Un tercer logro del ilusionismo antiguo fue la tenacidad en hacer indetectables la existencia de trucajes, bien ocultándolos o bien adaptándolos a las características del objeto trucado. El mimo en disimular la causa de los prodigios llamó la atención incluso de los pensadores griegos. Y se plasmó en la obsesión por el detalle que con tanto éxito expusieron Filón de Bizancio y Herón de Alejandría.

Posiblemente, esta maestría en el trucaje de objetos limitó un presunto déficit de la prestidigitación antigua como era la escasez de técnicas manipulativas. A excepción de la rutina de bolitas y cubiletes, o del manejo que se le presupone a quienes dominaran los dados, no disponemos de datos acerca de técnicas complejas. Aunque es posible que sí existieran, pues los ilusionistas mezclaron su arte con las circenses, de excelente nivel en técnica y evolución. Y esa habilidad natural pudiera haberse transmitido también al ilusionismo. Pero, lo cierto, es que no hay evidencias que lo corroboren.

No obstante, la técnica manipulativa no es una circunstancia tan relevante como muchas personas suponen. Si bien el público considera que los buenos ilusionistas son los que poseen una destreza fuera de lo habitual, los magos sabemos que no es necesariamente así. Podría ocurrir que el artista poseyera una gran habilidad, pero que fuera un «tostón» como actuante y, al revés: numerosos ilusionistas sin especial pericia manipulativa cosechan grandes éxitos de público.

Sucede esto porque en el ilusionismo existe un manejo más determinante que el meramente manipulativo: el psicológico. Un efecto es mágico cuando el espectador siente realmente que está viviendo una experiencia asombrosa por su imposibilidad o por su carácter sobrenatural. Lógicamente, y como primera cuestión a tener en cuenta, el secreto en el que se basa ha de ser indetectable. Así se evitan los nefastos efectos derivados de que un truco se intuya o se descubra. Pero lo que lleva al espectador a convencerse de presenciar algo imposible es el trío de factores formado por la personalidad del ejecutante, la puesta en escena del efecto, y la creación y gestión de las emociones.

Y es esta otra importante característica del ilusionismo antiguo. Cultivar los tres elementos, en nada ajenos al resto de artes escénicas, fue habitual. Tanto, que no sólo lo hicieron actores y artistas, sino cualquier personaje de la vida pública. Se plasmó en que el estudio de la retórica, esto es, el modo de conmover, divertir y persuadir mediante la oratoria, empapó la cultura griega y romana. Desde Aristóteles a Cicerón la retórica desgranó y analizó los recursos psicológicos para influir en los demás, y los artistas cuidaron de tal modo este aspecto, que algunos de los más influyentes oradores utilizaron como modelos de aprendizaje, o como profesores, a actores.

La técnica psicológica marca la diferencia entre un truco sin más y un efecto realmente mágico, entre el ilusionismo que es arte y el que no lo es. Y la antigüedad la cuidó especialmente. Así lo corroboran un buen número de efectos que, desde entonces, conocemos.

Entre los fraudulentos, por ejemplo, podrían citarse los soberbios montajes de Alejandro de Abonutico, convirtiendo la simple aparición de un huevo enterrado en barro en un prodigio, o extrayendo partido superlativo al ya de por sí asombroso efecto del oráculo parlante. También las maravillas presenciadas por Pausanias, desde los tres cántaros rellenos de vino por Baco, a la hoguera del altar que ardió por si sola gracias a las oraciones de los magos; el *show* de Máximo de Éfeso, poniendo de su parte a la estatua de Hécate que tomó vida para él y prendió milagrosamente las antorchas de sus manos; los efectos descritos por Hipólito de Roma…

Y entre los de entretenimiento, los detalles de la actuación de Dyedi, la rutina de cubiletes descrita por Alcifrón, los efectos con líquidos de Filón y Herón o el truculento manejo de la navaja que destripa a su víctima.

Como consecuencia, la elevada calidad de los taumaturgos y prestigiadores les hizo habituales en espectáculos. Nos ha llegado la descripción de, al menos, tres actuaciones. Una en un salón de audiencias (la de Dyedi), otra en un teatro (carta de Alcifrón) y la tercera, en un espectáculo de calle (narrada en *El asno de oro*). Y, a pesar de su diversidad, todas tuvieron en común haber sido escritas para expresar al asombro que crearon en el público. Público que, llegó a erigir estatuas a algunos de ellos como reconocimiento a su excelencia artística.

En definitiva, el ilusionismo antiguo incorporó las principales particularidades que le convierten en arte. Especialmente el más importante de todos: el manejo psicológico como eje respecto al cual hacer girar la construcción ilusionista. Un logro que le encumbra a arte milenario. Y que, por serlo, nos encamina a continuar dando voz a las muchas páginas de su historia que aún quedan por comentar...

Apéndice

ÍNDICE DE EFECTOS DE ILUSIONISMO

(1) C. 1.600 A.C. Relato más remoto de un efecto de ilusionismo. Dyedi restaura la cabeza decapitada de varios animales. Papiro de Westcar.

(2) II MILENIO A.C. Y SS. Durante casi dos mil años, en Egipto y la cuenca del Mediterráneo, se repiten procesiones en las cuales las estatuas de los dioses realizan movimientos propios. Inscripción del templo de Karnak (cámara sur del reposadero de la barca de Amón, muro sur); Papiro 10335 (Egipto, XX dinastía); Diodoro Sículo, *Blibioteca Histórica* (*Bibliotheca Historica*), libro XVII, 50.6 (s. I a.C.); y Macrobio, *Saturnales* (*Saturnalia*), libro I, cap. 23, 13 (s. IV-V).

(3) II MILENIO A.C. Y SS. Existencia de oráculos autófonos y cabezas parlantes. Papiro 10335 (Egipto, XX dinastía); Luciano de Samósata, *Alejandro o el falso profeta* (s. II); e Hipólito de Roma, *Refutación de todas las herejías*, libro IV, 28 y 41 (s. III).

(4) II MILENIO A.C. Y SS. Juegos de dados y alusiones a su manejo. *Rigveda*, 7.86.6, 10.27.17, 10.34, …

(5) s. VIII a.C. y ss. (Grecia). Alusiones a apariciones fantasmales en el oráculo de los muertos de Éfira. Homero, *Odisea,* Canto XI (s. VIII a.C.); y Pausanias, *Descripción de Grecia,* libro IX, cap. 30 (s. II).

(6) s. VI a.C. y ss. El fuego prende por sí solo. Diferentes variaciones del efecto. Biblia, libro I Reyes, cap XVIII, 20-40 (¿s. VI a.C.?); Pausanias, *Descripción de Grecia*, libro I, cap. 16 y libro V, cap. 27 (s. II); Horacio, *Sátiras,* libro I, sátira 5 (s. II); Cayo Julio Solino, *Colección de hechos memorables, o el erudito* (*Collectanea rerum memo rabilium,* o *Polyhistor*), 4.23-24 y 30.31 (s. III- IV); Hipólito de Roma, *Refutación de todas las herejías,* libro IV, 32-33 (s. III); Ateneo, *El banquete de los eruditos* (*Deipnosophistaí*), libro I, cap. 19. E-F (s. II-III); y otros.

(7) s. VI a.C. (África). Mesa del Sol. En ella aparecían carnes preparadas listas para ser consumidas. Heródoto, *Nueve libros de Historia*", libro III, cap. 18.

(8) s. VI a.C. (Babilonia, Iraq). Época en la que se sitúa la historia de Daniel. El profeta desvela el secreto del aparente prodigio del dios Bel. *Biblia Católica,* Daniel, cap. 14, 1-22.

(9) s. V a.C. (Atenas. Grecia). Euricles utiliza su estómago para dar voz a los espíritus. Aristófanes, *Las avispas,* 1019; y Platón, *El sofista,* 252C.

(10) s. V a.C. (Babilonia, Iraq). Jerjes es incapaz de rellenar de aceite una urna de cristal a la que le faltan algunos centímetros para rebosar. Ctesias, *Pérsica,* Fragmentos de historia, 688, 13.26 (s. VI-V a.C.); y Claudio Eliano, *Historias Curiosas* (*Varia Historia*), libro XIII, cap. 3 (s. III).

(11) s. V a.C. (Cuenca mediterránea) y ss. Inmunidad al caminar sobre carbones calientes. Sófocles, *Antígona*

(s. V. a.C.); Varrón (s. II a.C., citado por Mauro Servio Honorato en *Comentarios sobre Virgilio, La Eneida,* libro XI, 787); Virgilio, *Eneida* (s. I a.C.); Estrabón, *Geografía* (*Geographica*), libro V, cap. 2.9 y libro XII, cap. 2.7 (s. I); Plinio, *Historia Natural* (*Naturalis historia*), libro VII, cap. 2.19 (s. I.); y Hipólito de Roma, *Refutación de todas las herejías,* libro IV, 32-33 (s. III).

(12) s. V a.C. o anterior (Grecia). Referencias a las proezas de las brujas de Tesalia. Presentación de los eclipses como encantamientos para hacer descender la luna de la bóveda celeste. Aristófanes, *Las nubes* (s. V a.C.); Platón, *Gorgias* (s. V a.C.); Plutarco, *Obras morales y de costumbres*: libro II (*Deberes del matrimonio*) y libro VI (*La desaparición de los oráculos y Los Oráculos de la pitia*); y Horacio, Virgilio y otros autores.

(13) s. IV a.C. y ss. Descripción de efectos con imanes. Platón, *Diálogos. Ion,* 533 de (s. IV a.C.) Lucrecio, *La naturaleza* (*De rerum natura*), Libro VI, 910-916 (s. I a.C.). Plinio, *Historia Natural* (*Naturalis historia*), libro XXXIV, (s. I); Galeno, *Sobre la localización de las enfermedades,* 422 (s. II); y Agustín de Hipona, *La Ciudad de Dios* (*De civitate Dei*), libros XXI, cap. 4 (s. V).

(14) s. IV a. C. Efectos mecánicos en los templos, ocultando los principios en los que se basan. Aristóteles, *Mecánica,* 848a. 18-37.

(15) s. IV a. C. Fabricación de dados cargados. Aristóteles, *Problemas,* 913a.36 y 915b.8.

(16) s. IV a. C. Filístides de Siracusa, Heráclito de Mitilene y Escimno de Tarento actúan como ilusionistas en la boda de Alejandro Magno. Ateneo, *El banquete de los eruditos* (*Deipnosophistaí*), libro I, 20A y libro XII, 538E (s. II-III); y Claudio Eliano, *Historias Curiosas* (*Varia Historia*), libro VIII, cap. 7 (s. III).

(17) s. IV A.C. (GRECIA). En una boda macedonia actúan ilusionistas y mujeres danzan sobre espadas al tiempo que escupen bocanadas de fuego. Ateneo, *El banquete de los eruditos* (*Deipnosophistaí*), libro IV, 129D (s. II-III).

(18) s. IV A.C. Y SS. Técnicas para imprimir frases en el hígado y entrañas de animales. Sexto Julio Frontino, *Estratagemas,* libro I, cap. 11, 14 (s. I); Polieno, *Estratagemas,* libro IV, cap. 3,14 y cap. 20 (s. II); e Hipólito de Roma, *Refutación de todas las herejías,* libro IV, 40 (s. III).

(19) s. IV A.C. (GRECIA). Efecto de regurgitar leche o vino a voluntad. Ateneo, *El banquete de los eruditos* (*Deipnosophistaí*), libro I, 20A (s. II-III).

(20) s. IV A.C. Primeros registros de autómatas utilizados como diversión en procesiones y desfiles. Especial preocupación por ocultar el secreto al público. Polibio. *Historias* (*Historiae*), libro XII, cap. 13.11, (s. II a.C.); y Ateneo. *El Banquete de los eruditos* (*Deipnosophistaí*), libro V, 198E-199A (s. II-III).

(21) s. IV A.C. Antes de una batalla, los escudos y armas de estatuas aparecen en el suelo y las puertas de los templos amanecen abiertas. La tropa duda de su verosimilitud. Jenofonte. *Helénicas,* libro VI. 4, 7 (s. IV a.C.); Cicerón, *Sobre la adivinación* (*De divinatione*), libro I, 34 (s. I a.C.); y Diodoro Sículo, *Biblioteca Histórica* (*Bibliothe ca Historica*), libro XV, 53.4 (s. I. a.C.).

(22) s. III A.C. (ALEJANDRÍA, EGIPTO). La estatua de Arsinoe flota en el templo que lleva su nombre. Plinio, *Historia Natural* (*Naturalis historia*), libro XXXIV, 148 (s. I) afirma que no se llegó a materializar; y Ausonio Décimo, *Mosela,* 314-317 (s. IV).

(23) s. III A.C. (ALEJANDRÍA, EGIPTO). Una estatua del dios Bes emite sonidos de trompetas cuando escancia vino

por su boca. Ateneo, *El banquete de los eruditos* (*Deipnosophistaí*), libro XI, 497d (s. II-III); y Hédilo, *Antología palatina* (s. II-III).

(24) s. III a.C. (Estambul, Turquía). Descripción del trucaje de jarra que sirve bebidas diferentes a voluntad, copa que derrama el líquido dispensado en ella, Agua de la India y otros efectos con líquidos, en algunos casos de siglos muy anteriores. Filón de Bizancio, *Neumática* (s. III a.C.); y Herón de Alejandría, *Neumática* (s. II a. C - s. I d. C).

(25) s. III a.C. (Roma, Italia). Historia de Tuccia, la vestal que portó una criba sin que por sus orificios se derramara agua. Dionisio de Halicarnaso. *Historia Antigua de Roma*, libro II, 69 (s. I a.C.), Valerio Máximo. *Hechos y dichos memorables* (*Factorum et dictorum memorabilium*), libro VIII, cap. 1, 5 (s. I); y Plinio, *Historia Natural* (*Naturalis historia*), libro XXVIII, cap. 2 (s. I). El efecto básico es explicado en las obras de Filón de Bizancio y Herón de Alejandría.

(26) s. III a.C. (Roma, Italia). La palabra «*praestigiatorum*» está asentada en obras literarias. Plauto, *El Anfitrión*, 782-783 y 830 y *La comedia de la olla* (*Aulularia*), 630.

(27) s. II a.C. (Roma, Italia). Euno, cabecilla de la primera revuelta de esclavos contra Roma, utiliza el efecto de fuego en la boca para demostrar su divinidad. Floro, *Epítome de la Historia de Tito Livio,* libro II, cap. 7, 2-6 (s. I); otras referencias a exhalaciones de fuego, o su manejo, en Focio, *Epítome a la Historia eclesiástica de Filostorgio,* libro VII, capítulo 7; y Floro, *Epítome a la Historia de Tito Livio,* Libro II, cap. 26, 16.

(28) s. I a.C. (Roma, Italia). Referencias a manuales y técnicas manipulativas para controlar el desarrollo de los

juegos de azar. Ovidio, *Tristes*, libro II, 470-477, (s. I a.C.).

(29) s. I a.C. (Grecia y Roma). Anaxilao de Larisa compila experimentos de química recreativa revestidos como efectos de ilusionismo. Plinio. *Historia natural* (*Naturalis historia*), libro XXXII, cap. 10 (s. I); Plinio. *Historia natural* (*Naturalis historia*), libro XXXV, cap. 15, (s. I); Sexto Empírico. *Esbozos pirrónicos*, libro I, 46 (s. II); y San Ireneo de Lyon. *Contra las herejías*, libro I, cap. 13,1 (s. II).

(30) s. I o anterior. Lámparas de llama inextinguible. Herón de Alejandría, *Neumática*; Estrabón, *Geografía*, libro IX, cap. 16 (s. I a.C. - s. I d.C.); Plutarco, *Obras morales y de costumbres*, 29.410B (s. I-II); Pausanias, *Descripción de Grecia*, libro I, cap. 26, 6-7 (s. II);y San Agustín, *La ciudad de Dios* (*De civitate Dei*), libro XXI, cap. 6 (s. V).

(31) s. I o anterior. Ropa incombustible. Estrabón, *Geografía*', Libro X, cap. 6 (s. I a.C.- s. I d.C.); Dioscórides, '*Plantas y remedios medicinales*', libro 5, 138 (s. I); y Plutarco, *Obras morales y de costumbres*, 29.434A-B (s. I-II).

(32) s. I o anterior (Alejandría, Egipto). Herón expone dos tipos de teatros autómatas. Herón de Alejandría, *Autómata* (s. II a.C.- s. I d.C.).

(33) s. I o anterior (Alejandría, Egipto). Efectos basados en ilusiones ópticas y propiedades de los espejos. Herón de Alejandría, *Catóptrica* (s. II a.C.- s. I d.C.).

(34) s. I (Egipto). Sonidos misteriosos procedentes del interior de los templos. Plinio, *Historia Natura*" (*Naturalis historia*), libro XXXVI, cap. 13 (s. I); e Hipólito de Roma, *Refutación de todas las herejía*", libro IV, 32 (s. III).

(35) s. I o anterior (Olimpia, Grecia). Un caballo de bronce en el exterior del templo de Zeus atrae a los

machos de su especie.Plinio, *Historia Natural* (*Naturalis historia*), libro XXVIII, cap. 11 (d. I); Pausanias, *Descripción de Grecia*, libro V, cap. 27, 3-4 (s. II); y Claudio Eliano, *Historias de los animales* (*De natura animalium*), libro XIV, cap. 18 (s. III).

(36) s. I (Elis, Grecia). Cántaros vacíos, guardados en un espacio cerrado y sellado, se llenan milagrosamente de vino. Pausanias, *Descripción de Grecia*, libro VI, cap. 26, 1 (s. II).

(37) s. I (Roma). Efectos especiales. En el teatro los actores vomitan «sangre». Suetonio, *Vida de los doce Césares.* (*De vita Caesarum*), libro IV, 57.4, (s. II).

(38) s. I (Roma). Objetos obedecen la dirección que los artistas les ordenan tomar. Quintiliano, *Instituciones oratorias* (*Institutio oratoria*), libro X, Cap. 7.2, (s. I).

(39) s. I (Roma). Séneca cita el juego de los cubiletes. Séneca, *Epístolas morales a Lucilio* (*Epistulae Morales ad Lucilium*), epístola 45.8 (s. I).

(40) s. I. Frutas rocían de agua a quien se acerca a cogerlas. Petronio, *Satiricón*, 60.4-6 (s. I).

(41) s. I. Descripción de falsas dagas. Petronio, *Satiricón*, 94.12-15 y 108.10-11(s. I); Aquiles Tacio, *Leucipa y Clitofonte*, libro III, 20-21 (s. II).

(42) s. I a.C. y ss. (Tebas, Egipto). Sonido emitido por uno de los colosos de Memnón. Estrabón, *Geografía* (*Geographica*), libro XVII, cap. 1 (s. I a. C. - S. I d.C.); Pausanias, *Descripción de Grecia*, libro I, cap. 42 (s. II) y otros autores.

(43) s. I a.C. y ss. (Alejandría, Egipto). En el templo de Serapis, un carro tirado por caballos de bronce se mueve suspendido en el aire. Rufino de Aquilea, *Historia*

Eclesiástica, libro XI, cap. 23 (s. IV); San Agustín, *La ciudad de Dios* (*De civitate Dei*), libro XXI, cap. 6 (s. V); y Quodvultdeus, *Liber promissionum et praedictorum Dei*, libro III, cap. 38, 42 (s. V).

(44) s. II? (ROMA). Primera descripción de una rutina de ilusionismo realizada con cubiletes. Alcifrón. *Cartas de pescadores, campesinos, parásitos y cortesanas*, libro II, carta 17 (s. II?); uno de los pases con bolitas quizá similar al expuesto por Frontón, *Epistolario*, 174.3 (s. II).

(45) s. II. Existencia de técnicas para conocer preguntas escritas en documentos cerrados y sellados. Luciano, A*lejandro o el falso profeta* (s. II); Macrobio, *Saturnales*, libro I, cap. 23, 14-15 (s. IV o V); e Hipólito de Roma, *Refutación de todas las herejías*, libro IV, 34 (s. III).

(46) s. II (ANDROS, GRECIA). Durante ciertas festividades, del templo fluye vino en vez de agua. Pausanias, *Descripción de Grecia*, libro VI, cap. 26, 2 (s. II); Plinio, *Historia Natural* (*Naturalis historia*), libro II, cap. 103.231 y libro XXXI, cap. 2 (s. I).

(47) s. II (HIERÁPOLIS, SIRIA). Diferentes casos de trucajes en el templo de Hierápolis, el más significativo la levitación del oráculo de Apolo y la sudoración de estatuas de madera. Luciano de Samósata (atribuido), *Sobre la Diosa Siria*, 36-37 (s. II).

(48) s. II (ROMA). Una lanza atraviesa el cuerpo de un artista sin causarle daño. Apuleyo, *El asno de oro*, libro I, 4 (s. II).

(49) s. II. Métodos para inscribir predicciones y adivinaciones en huevos. Julio Africano, *Geopónicas*, libro XIV, cap. 10 (s. II); e Hipólito de Roma, *Refutación de todas las herejías*, libro IV, 29 (s. III).

(50) s. II (Anatolia, Turquía). Marcos, el Mago, hace rebosar una copa grande con el contenido de una pequeña. San Ireneo de Lyon, *Contra las herejías*, libro I, cap. 13,2 (s. II); e Hipólito de Roma, *Refutación de todas las herejías*, libro VI, cap. 39-40 (s. III).

(51) s. II (Grecia). En las tumbas aparece humo de la nada y asciende verticalmente. Pausanias, *Descripción de Grecia*, libro IX, cap. 18.4

(52) s. III. Descripción del modo de aparentar introducir el brazo en un depósito de pez hirviendo sin recibir daño alguno. Hipólito de Roma, *Refutación de todas las herejías*, libro IV, 32-33 (s. III).

(53) s. III. El libro *Refutación de todas las herejías* desvela multitud de milagros de teúrgos, gnósticos y falsos profetas. Hipólito de Roma, *Refutación de todas las herejías*, libro IV, 28- (s. III).

(54) s. III. Primera descripción conservada de una caja mágica de cambios. Hipólito de Roma, *Refutación de todas las herejías*, libro IV, 30 (s. III).

(55) s. IV (Éfeso, Turquía). Efectos mágicos de los teúrgos. La estatua de Hécate sonríe y las antorchas que porta se prenden espontáneamente. Eunapio, V*ida de sofistas y filósofos*, 474 y ss (s. IV).

(56) s. V. Las estatuas de Marte y Venus de un templo se acercan y unen entre sí. Claudiano, *Poemas menores*, 29.23-39 (s. V).

(57) s. V. Proyecciones ópticas sobre los muros de un templo de Alejandría. Damascio, *Vida del filósofo Isidoro*, 242 (s. V-VI).

Bibliografía

APULEYO. 2015. *Apología o discurso sobre la magia en defensa propia.* Floridas. Colección Alma Mater. Traducción de J. Martos Fernández. Consejo Superior de Investigaciones Científicas. ISBN: 978-84-000-9943-5.

ATENEO. 1998. *El banquete de los eruditos. Libros III.* Colección Biblioteca Clásica Gredos, 257. Introducción, traducción y notas de L. Rodríguez-Noriega Guillén. Madrid. Editorial Gredos S.A. ISBN: 84-249-1978-5. Tomo I.

AZÉMA, M. 2011. *La préhistoire du cinéma.* París. Editions Errance. ISBN: 978-2-87772-431-9.

BRIER, BOB. 2008. *Los misterios del Antiguo Egipto.* Traducción de J. A. Bravo. Barcelona. Ediciones Robinbook. ISBN 978-84-7927-847-2.

CICERÓN. 1999. *Sobre la adivinación. Sobre el destino.* Timeo. Colección Biblioteca Clásica Gredos, 271. Introducción traducción y notas de Á. Escobar. Madrid. Editorial Gredos S.A. ISBN: 84-249-2249-2.

CLOTTES, J. y LEWIS-WILLIAMS, D. 2015. *Les chamanes de la prehistoire. texte intégral, pole miques et reponses.* Colección Points histoire. Paris. Éditions Points. ISBN: 978-2757851517 (traducción española del texto *Les chamanes de la préhistoire* por J. López Cachero, *Los chamanes de la prehistoria,* 2010, Barcelona, Editorial Ariel, ISBN: 978-84-344-6944-0).

DIF M. 1971. *Histoire et évolution technique de la prestidigitation: sorciers, magiciens, escamoteurs, physiciens, prestidigitateurs, illusionistes, manipulateurs, vol. 1.* Limoges. Impresor Lathière et Pêcher.

DRACHMANN, A.G. 1948. Ktesibios, Philon and Heron. A study in ancient pneumatics. *Acta histórica scientiarum naturalium et medicinalum, vol.* 4. Ejnar Munksgaard. Copenhague

DICKIE, M. (2001). Mimes, Thaumaturgy, and the Theatre. *The Classical Quarterly,* Vol. 51, nº 2, pág. 599-603. Cambridge. Cambridge University Press. ISSN 0009-8388

EUNAPIO DE SARDES (y FILÓSTRATO). 1921. *Philostratus: Lives of the Sophists. Eunapius: Lives of the Philosophers.* Loeb Classical Library, vol. 134. Traducción al inglés de Wilmer C. Wright. Cambridge, Massachusetts. Harvard University Press. ISBN-13: 9780674991491.

FRAGAKI, H. (2012). Automates et statues merveilleuses dans l'Alexandrie antique. *Journal des savants,* 2012, n° 1, pág. 29-67. París. Académie des Inscriptions et Belles Lettres. ISSN 0021-8103

FILÓN DE BIZANCIO. 1902. *Le Livre des appareils pneumatiques et des machines hydrauliques, par Philon de Byzance,* édité *d'après les versions arabes d'Oxford et de Constantinople, et traduit en français par le Baron Carra de Vaux.* París. Librería C. Klincksieck.

GEBHARD, J. S. 2006. El Libro de Medicina de Quinto Sereno Sammonico. *Revista electrónica Documentos Lingüísticos y Literarios,* nº 29. Santiago de Chile. Universidad Andrés Bello.

HERÓN DE ALEJANDRÍA. 1589. *Degli automati overo màcchine se moventi. Libri due (Bernardino Baldi).* Traducción al italiano Bernardino Baldi.

HERÓN DE ALEJANDRÍA. 1899. *Heronis Alexandrini opera quae supersunt omnia, vol. 1 (Pneumatica et Automata).* Traducción al alemán, Wilhelm Schmidt. Leipzig. B.G. Teubner

HERÓN DE ALEJANDRÍA. 1851. Th*e pneumatics of Hero of Alexandria. From the original greek.* Traducido al inglés por Bennet Woodcroft. Londres. Taylor Walton And Maberly (existe versión en español disponible en Internet de Guillermo León Mejía Uribe, 2016).

HIPÓLITO DE ROMA. 2016. *Refutation of All Heresies.* Colección Writings from the Greco-Roman World, nº 40. Introducción, traducción y notas de M. David Litwa. Atlanta. SBL Press. ISBN 978-0884140870

KILINSKI, K. 1986. *Boeotian Trick Vases.* American Journal of Archaeology, 90(2), pág. 153-158. Archaeological Institute of America. ISSN 00029114

KOTSANAS, K. 2015. *Les technologies dans la Grece Antique. Les inventions des Grecs de l´Antiquité. Recherches,* études, *réalisation / Tecnologia Greca Antica. Le invenzioni dei Greci Antichi. Indagine, studio, fabbricazione.* Edición en Francés/ Italiano. Kostas Kotsanas. Pyrgos (Grecia). ISBN: 978-960-92786-3-8

LEPPER, VERENA M. 2008. Untersuchungen zu pWestcar. Eine philologische und literaturwissenschaftliche (Neu-) Analyse. Colección Ägyptologische Abhandlungen, Nº 70. Wiesbaden, Alemania. Harrassowitz Verlag. ISBN 9783447056519.

LUCIANO DE SAMÓSATA. 1981. *Obras, vol. 1.* Colección Biblioteca Clásica Gredos nº 42. Traducción y notas por A. Espinosa Alarcón. Madrid. Editorial Gredos S.A. ISBN: 84-249-0153-3.

LUCIANO DE SAMÓSATA. 1988. *Obras, vol. 2.* Colección Biblioteca Clásica Gredos nº 113. Traducción y notas por J. Luis. Navarro González. Madrid. Editorial Gredos S.A. ISBN: 84-249- 1476-4.

LUCIANO DE SAMÓSATA. 1996. *Obras, vol. 3.* Colección Biblioteca Clásica Gredos nº 138. Traducción y notas por J. Zaragoza Botella. Madrid. Editorial Gredos S.A. ISBN: 84-249-1416-3.

LUCK, G. 2006. *Arcana Mundi: Magic and the Occult in the Greek and Roman Worlds: A Collection of Ancient Texts. 2ª* edición. Baltimore. Johns Hopkins University Press. ISBN: 978- 0801883460 (existe raducción española de Elena Gallego Moya y Miguel E. Pérez Molina, Arcana Mundi Magia y ciencias ocultas en el mundo griego y romano, 1995, Madrid, Editorial Gredos, ISBN: 84-249-1785-5)

MESTRE, F. 2007. Sobre la diosa Siria o un posible regreso a casa de Luciano de Samósata. *Revista Synthesis,* vol.14, pág. 31-51. La Plata. Facultad de Humanidades y Ciencias de la Educación de la Universidad de La Plata. ISSN: 0328-1205

MONTERO HERRERO, S. 1997. D*iccionario de adivinos, magos y astrólogos de la Antigüedad.* Editorial Trotta. Madrid. ISBN: 84-8164-161-8.

NEWBERRY, PERCY E. 1893. *Archaeological survey of Egypt memoir. Beni Hasan. Part II.* Londres. Editado por F. L. Griffith, B.A., F.S.A.

SALVERTE, E. 1865. *Las ciencias ocultas. Ensayo sobre la magia, los prodigios y los milagros.* Traducción de la 3ª edición francesa por D. F. J. Orellana. Barcelona. Imprenta y librería de Salvador Manero. Disponible en Google Books

SÁNCHEZ RODRÍGUEZ, Á. 2003. *El papiro de Westcar.* Sevilla. Ediciones ASADE (Asociación Andaluza de Egiptología). ISBN: 84-933485-0-3. Disponible en Internet

SCHMIDT, HEIKE C. 2011. *Westcar on the Nile: A journey through Egypt in the 1820s (Menschen-Reisen-Forschungen).* Wiesbaden. Reichert Verlag. ISBN: 978-3-89500-852-8

TAILLEFER, P. 2015. Conjurers around the Mediterranean basin. *Gibecière.* 19, Volume 10, nº 1, pág. 55-100. Nueva York. Stephen Minch Editor. ISSN: 1558-8149

TEOFRASTO - ALCIFRÓN. 1988. *Teofrasto, Caracteres. Alcifrón, Cartas de pescadores, campesi* nos, parásitos y cortesanas. Colección Biblioteca Clásica Gredos, 119. Introducción, traducción y notas de E. Ruíz García. Madrid. Editorial Gredos S.A. ISBN: 84-249-1298-5.

THELAMON, F. 1974. *Sérapis et le baiser du soleil: les «trucages» du Sérapeum d'Alexandrie selon Rufin et Quodvultdeus. Aquileia e l'Africa (Antichità Altoadriatiche).* Udine. Arti Grafiche Friulane.

CONCLUYÓ LA EDICIÓN DE ESTE LIBRO, POR ENCOMIENDA DE ALMUZARA, EL 6 DE ABRIL DE 2022. TAL DÍA DEL AÑO 1997, FALLECÍA ARTURO DE ASCANIO, REFERENTE QUE HABRÍA DE REVOLUCIONAR LA MAGIA EN ESPAÑA.